KB267385

아브라함 : 세 종교의 조상

(Abraham : Ancestor of the Three Religions)

김득해
Samuel D. Kim

산사나무

사랑하는 아내, 이인숙 권사님께

　아브라함과 사라에 관한 책은 성경과 외경 이외에 각 나라의 언어로 셀 수 없을 만큼 수많은 책과 번역판이 나와 있다. 그러나 아브라함과 사라의 명성과는 대조적으로 그들이 열국의 아버지 어머니의 호칭을 받을 만한 조건이 갖추어져 있었는지는 학자마다 견해가 다르다. 대부분의 보수적인 견해를 학자들은 성경이 제시하는 한도를 벗어나지 않는 상태에서 긍정적으로 평가하려고 노력하고 있다. 반면에 비평적이고 논쟁적인 자유주의 학자들은 아브라함과 사라에 대하여 부정적인 견해를 펴고 있으며 열국의 아버지와 어머니로서의 자격이 많이 결여되었다고 보고 있다. 특히 아브라함이 하나님께 매우 순종적으로 보였으나 수많은 실수로 인해 열국의 아버지로서 인정이 되어야 하는지에 대하여 의심을 나타내고 있으며 그리고 사라도 순종적이며 믿음의 여인으로 알려진 동시에 다혈질 성격을 가졌고 시기와 질투가 강한 이중성격의 여인으로 묘사되고 있어 다소 부정적으로 판단하고 있다.

　그러므로 이 책에서는 보수 및 자유주의적 견해를 떠나서 좀 더 다른 각도에서 아브라함과 사라에게 주어진 열국의 아버지 어머니에 대한 상징성을 객관적으로 분석해 보려고 한다. 그리고 이 책을 통해서는 재래식의 주관적인 묘사나 서술보다는 좀 더 구체적으로 왜 하나님이 아브라함을 통해서 언약을 맺었는지에 관해서 그리고 Oral Torah(구두로 전해진 모세 오경) 등 외경을 통해서 제대로 알려지지 않은 아브라함의 일생 및 그의 족보를 자세히 소개하려 한다. 다음으로 4천년이 지난 지금 현대의 문명과 문화 속에서도 왜 그들이 세계의 종교(유대교, 기독교, 이슬람교)의 조상 즉 열국의 아버지와 어머니로서의 image가 남아 있는 것을 조심스럽게 조명·모색해 보고자 한다.

끝으로 이 책의 편집을 도와주신 Northeast 복음신학대학 학장 김종헌 박사님과 저의 책의 출판을 위해 항상 재정적으로 후원해 주시는 나의 대학원 친구 Charles Goodman 사장에게 특별히 감사를 드린다. 그리고 이 책이 나올 때까지 인내심을 가지고 저의 건강을 돌보아 준 아내 이인숙 권사님에게 그리고 산사나무 출판사 이노나 사장님께 아울러 감사를 드린다.

2025년 6월

김득해(Samuel Dukhae Kim)

아브라함 : 세 종교의 조상
(Abraham : Ancestor of the Three Religions)

서론

서론

하나님께서는 자기가 창조한 백성들과 언약을 통해서 자기의 뜻을 이루려고 하셨다. 신·구약성경을 통해서 보면 하나님은 7가지의 언약을 맺으셨는데 하나님이 직접적으로 또는 왕이나 선지자 그리고 족장을 통해서 자기 백성과 언약을 맺으셨다. 첫 번째는 아담과 이브, 두 번째는 노아와 세 번째는 아브라함과 네 번째는 모세와 다섯 번째는 이스라엘 백성과 여섯 번째는 다윗왕과 그리고 마지막으로 일곱 번째는 주님께서 자기 백성의 구원을 위해서 언약을 맺으셨다. 이 책에서는 하나님이 아브라함을 통해서 맺으신 언약과 아브라함의 일생 그리고 그의 족보를 소개하는 것을 주 목적으로 하였다. 그리고 세부적으로는 왜 그 당시에 하나님께서 아브라함과 사라를 열국의 아버지와 어머니로 택하셨으며 그리고 4천년이 지난 지금 현대의 문명과 문화 속에서 과연 그들이 열국의 조상 즉 아버지와 어머니가 될 수 있는 자격이 있는지를 조심스럽게 모색해 보고자한다.

하나님께서 아브라함과 맺은 언약은 다음과 같다. 첫째, 하나님께서 아브라함을 택하셨다는 점에서 하나님의 은혜가 전제된 은혜의 언약이었다. 둘째, 언약은 하나님의 절대적인 권능에 의해 성취되었다. 죽은 것 같은 사라의 몸을 통해 상속자 이삭을 낳게 하셨기 때문이다(롬 4:19). 셋째, 하나님의 택하심을 받은 자는 그 부름에 합당한 생활을 살아야 할 것을 가르쳐 준다(창 18:19). 넷째, 아브라함에 대한 언약은 아브라함을 택하신 것이 아브라함 자신과 후손뿐 아니라 땅의 모든 족속을 위한 것임을 분명히 밝혀 준다(창 12:3).

결과적으로 하나님이 아브라함과 맺은 언약이 독특한 것은 선지자나 왕이나 예언자나 통해서나 이스라엘 백성들에게 직접 언약을 맺은 것과는 달리 아브라함과 아내 사라 개인들에게 직접 관련되는 언약이며 더 나아가서는 하나님께서 자기의 뜻과 섭리대로 아브라함과 사라를 열국의 아버지와 어머니로 만들어 그 자손들이 큰 민족을 이루게 하셨다는 점이다.

제1장

아브라함의 일생

아브라함

제1장 아브라함의 일생

하나님과 아브라함의 관계

하나님과 아브라함의 관계는 신구약을 합해서 어느 선지자나 예언자 혹은 제사장에게서 찾아 볼 수 없는 특별한 관계인 것은 주지의 사실이다. 그러기 때문에 세계의 삼대종교인 기독교(가톨릭 포함), 유대교, 이슬람교가 서로 겨루어 가면서 육체적 혹은 믿음의 조상이라고 자랑스럽게 말하고 있다. 사실 그럴 수 있는 근거는 성경의 어느 누구도 하나님이 직접 나의 벗(이사야 41:8)이고 흠 없는 자(창 17:1)라고 칭찬을 받은 사람은 아브라함 이외에 없기 때문이다. 다윗이나 모세나 엘리야나 이사야나 에녹 등 그 누구도 이러한 칭찬을 받아 본 적이 없다. 그러면 하나님이 왜 그렇게 아브라함을 칭찬했으며 또 열국의 아버지가 될 것을 언약했을까? 성경은 하나님에 대한 아브라함의 절대적인 순종과 그의 철저한 믿음을 제시하고 있다.

    그러면 하나님은 왜 모든 사람 중에서 아브라함을 선택하셨을까? 아브라함의 이야기를 보면 인류를 향한 하나님의 계획에서 중요한 순간을 목격하게 된다. 우리는 하나님께서 아브라함을 선택하신 것이 하나님의 주권과 은혜의 행위임을 이해해야 한다. 성경은 하나님께서 왜 다른 사람들보다 아브라함을 선택하셨는지에 대한 명확한 이유를 정확히 제시하지 않았으나 하지만 성경을 살펴보면 몇 가지 핵심 요소를 파악할 수 있다. 첫째로 하나님은 순종하고자 하는 아브라함을 선택하셔서 다신교 세계에서 그를 구별되게 하셨다. 이 선택은 자신을 위한 백성을 세우고 궁극적으로 메시아를 탄생시키려는 하나님의 계획의 일부였음을 암시해 주고 있다. 원래 아브람으로 알려진 아브라함은 우상숭배로 가득 찬 갈대아 우르에 살았다. 하지만 이러한 환경에서도 아브람은 아무 조건 없이 유일하신 참 하나님의 부르심을 받아들였다. 그 어느 누구의 말도 듣지 않고 심지어는 우상숭배자인 아버지와 한마디의 상의도 없이 무조건 하나님의 명령을 따라 우상 지역인 갈대라 우르를 정처 없이 떠나게 된 것이다

    그때의 역사적 배경을 살펴보면 아브라함은 다신교가 만연하던 기원전 2000년경에 살았다. 하나님께서 아브라함을 선택하신 것은 세상에 자신을 드러내고 그분만을 경배할 백성을 세우려는 계획의 일부였다. 아브라함은 유대 민족의 조상이 되었고, 하나님은 그를 통해 결국 메시아를 보내셨다. 심리적으로 아브라함은 하나님의 목

적에 적합한 자질을 가지고 있었음을 알 수 있다. 그는 믿음과 순종, 그리고 미지의 세계로 나아가고자 하는 의지를 보여주었다. 하나님 께서 고향을 떠나라고 부르셨을 때 아브라함은 망설이지 않았다. 그는 어디로 가는지도 모른 채 하나님의 인도하심을 신뢰하며 짐을 꾸려 떠났다.

아브라함은 영적으로 성장할 수 있는 능력을 보여주었다. 하나님과의 여정에서 우리는 그가 배우고 때로는 걸려 넘어지지만 전능자와의 관계에서 항상 전진하는 모습을 볼 수 있다. 이러한 성장 능력은 하나님께서 그를 위해 염두에 두신 역할에 매우 중요했다. 하나님께서 아브라함을 선택하신 또 하나의 이유는 하나님께서는 항상 인간의 기준에 따라 명백한 후보자를 선택하지 않으신다는 것을 보여준다. 아브라함은 왕이나 유명한 지도자가 아니었다. 그는 인생의 대부분을 낯선 땅에서 나그네로 살아야 하는 유목민이었다. 이러한 선택은 하나님의 목적을 달성하기 위해 예상치 못한 사람을 사용하시는 하나님의 성향을 보여준다. 하나님께서 아브라함을 선택하신 제일 큰 이유는 장차 인류 구속의 계획의 준비 과정이라고 할 수 있다. 하나님께서는 아브라함의 혈통을 통해 이스라엘 민족과 세상의 구세주 예수 그리스도를 낳으실 것이다. 갈라디아서 3장 8절에 "성경은 하나님께서 이방인을 믿음으로 의롭게 하실 것을 예견하시고 아브라함에게 '모든 민족이 너를 통해 복을 받을 것'이라는 복음을 미리 알려 주셨습니다.”라고 말씀하고 있다.

하나님께서 아브라함을 선택하신 또 하나의 이유는 그가 믿음의 조상, 즉 하나님께서 모든 민족을 축복할 수 있는 사람이 될 가능성을 보셨기 때문이다. 불가능해 보였던 하나님의 약속을 기꺼이 믿었던 아브라함은 하나님의 선택된 백성의 족장이 되기에 완벽한 후보였다. 따라서 하나님께서 아브라함을 선택하신 이유를 살펴보면, 주님은 인간의 시각으로 보지 않으신다는 사실을 상기할 수 있다. 그분은 마음을 보시고, 가능성을 보시고, 배경이나 지위에 상관없이 기꺼이 그분을 신뢰하고 순종하는 사람을 선택하신다. 그리고 그분이 아브라함을 선택하셨던 것처럼, 오늘날 여러분도 그분의 신성한 계획에서 특별한 역할을 할 수 있도록 선택하신다.

아브라함에게는 어떤 특성이 있었기에 하나님이 그를 특별하게 여기셨을까?

아브라함의 삶을 살펴보면 하나님의 눈에 비범한 자질을 지닌 한 남자를 볼 수 있다. 아브라함은 흔들리지 않는 믿음을 보여주었다. 단순한 믿음이 아니라 산을 옮기고 역사의 흐름을 바꾼 믿음이었다. 하나님께서 고향을 떠나 낯선 곳으로 가라고 부르셨을 때 아브라함은 망설이지 않았다. 그는 목적지도 모른 채 하나님의 인도하심을 신뢰하며 짐을 꾸려 떠났다. 히브리서 기자가 “믿음으로 아브라함은 장래 기업으로 받을 땅에 가라는 부르심을 받았을 때, 비록 그가 어디로 가는지 알지 못하였지만 순종하여 갔다."(히브리서 11:8)고 말할 때 언급하는 것이 바로 이런 종류의 믿음이다. 아브라함은 놀라운 순종을 보여주었다. 아브라함은 인간의 관점에서는 이해가 되지 않을 때에도 하나님의 지시를 따르는 모습을 여러 번 볼 수 있다. 고향을 떠날 때도, 노년에 아들을 기다릴 때도, 바로 그 아들을 기꺼이 희생할 때도 아브라함의 순종은 확고했다. 아브라함은 흔들리지 않는 믿음과 순종을 보여주는 예로서 외아들인 이삭을 번제로 바치라고 명령하였을 때 아브라함은 조금도 미래에 일어날 일에 대해서 조금도 염려하지 않고 믿음으로 받아들이고 순종했던 것이다.

사무엘이 사울에게 "순종하는 것이 제사보다 낫다."(사무엘상 15:22)고 말한 것처럼, 이러한 순종의 자질은 우리가 하나님과 동행하는 데 있어 매우 중요하다. 아브라함을 특별하게 만든 또 다른 특성은 그의 인내심이다. 아브라함은 하나님의 아들에 대한 약속이 성취되기를 25년 동안 기다렸다. 이 기간 동안 그는 수많은 도전과 좌절을 겪었지만 결코 하나님의 약속을 포기하지 않았다. 바울은 로마서 4:20-21에서 "그러나 그는 하나님의 약속에 대한 불신앙으로 흔들리지 않고 믿음에 굳게 서서 하나님께 약속하신 것을 행하실 능력이 있다는 것을 온전히 확신하여 하나님께 영광을 돌렸느니라."라고 언급하며 이러한 믿음의 인내를 이야기한다. 아브라함에게는 하나님을 경외하고 예배하는 마음도 있었다. 그는 가는 곳마다 주님께 제단을 쌓으며 어떤 상황에서도 하나님을 공경하겠다는 의지를 보여주었다. 이러한 예배 행위는 단순한 의식이 아니라 아브라함을 창조주와의 관계를 유지하는 생활 방식이었다. 아브라함은 역경에 직면했을 때 큰 용기를 보여주었다. 아브라함은 조카 롯이 포로로 잡혔을 때 주저하지 않고 부하들을 모아 그를 구출하며 용기와 충성을 모두 보여줬다. 이러한 용기는 소돔과 고모라를 대신하여 하나님께 감히 중보하는 영적인 삶으로까지 확장되었다.

아브라함은 감성 지능과 회복탄력성을 지녔음을 알 수 있다. 그는 복잡한 가족 역학 관계를 헤쳐 나갔고, 낯선 땅에서 이방인이라는 어려움을 겪었으며, 개인적인 실망에 직면하기도 했다. 하지만 그 모든 과정을 통해 그는 자신의 믿음과 하나님과의 관계를 유지했다. 아브라함은 다신교 세계에서 유일신 신앙을 가졌기 때문에 차별화되었음을 잘 알고 있다. 그는 여러 신을 숭배하는 문화에 둘러싸여 있을 때에도 유일신에 대한 믿음을 굳건히 지켰다. 일신교에 대한 이러한 확고한 신념은 세계 3대 종교의 토대가 되었다.

마지막으로 아브라함은 하나님의 음성에 열린 마음을 가졌다. 그는 하나님의 인도를 분별하고 그에 응답할 수 있었다. 하나님의 인도하심에 대한 이러한 개방성이 있었기에 하나님께서 그를 강력하게 사용하실 수 있었다. 믿음, 순종, 인내, 예배, 용기, 감성 지능, 일신교적 헌신, 하나님에 대한 개방성 등 이러한 자질은 아브라함을 하나님의 눈에 특별하게 만들었다. 하지만 여기에 아름다운 진실이 있다. 하나님은 우리 각자에게도 이와 같은 자질을 개발하기를 원하신다는 사실이다. 아브라함의 삶에서 일하셨던 것처럼, 하나님은 여러분의 삶에서도 일하시며 당신을 하나님의 목적을 위해 강력하게 쓰임 받을 수 있는 믿음의 사람으로 형성하고 계신다.

그러면 아브라함은 하나님에 대한 믿음을 어떻게 보여주었을까? 믿음에 대해 이야기할 때 성경에서 아브라함보다 더 좋은 예는 없다. 그의 삶은 눈으로 보지 않고 믿음으로 걷는다는 것이 무엇을 의미하는지에 대한 증거였다. 하나님과 아브라함의 관계를 간추려 본다면 첫째로 아브라함의 순종을 통한 믿음이다. 둘째로 아브라함의 인내이고 셋째는 하나님에게 제단을 쌓은 것이고 넷째는 그의 헌신과 희생이다. 외아들인 이삭을 제물로 바치는 일은 그의 순종과 믿음의 절정이라고 할 수 있다. 그리고 아브라함은 알지 못하는 장래에 대한 희망과 목적을 유지할 수 있는 능력이 있었다는 것이다. 심리적으로 아브라함은 믿음 덕분에 불확실성과 어려움 속에서도 희망과 목적을 유지할 수 있었다.

아브라함은 또한 중보기도를 통해 자신의 믿음을 보여주었다. 하나님께서 소돔과 고모라를 멸망시키려는 계획을 계시하셨을 때 아브라함은 그곳에 살고 있을 의인들을 위해 담대하게 중보했다. 이 행동은 하나님의 공의와 자비에 대한 아브라함의 믿음과 인류를 향한 하나님의 계획에서 자신의 역할에 대한 이해를 보여준다. 마지막으로 아브라함의 믿음은 관대함과 평화를 만드는 노력에서 분명하게 드러난다. 아브라함은 자신의 목동들과 롯의 목동들 사이에 갈등이 생겼을 때 평화적으로 상황을 해결하여 롯이 가장 좋은 땅을 선택할 수 있도록 했다. 어느 땅에 살든 하나님께서 공급해 주실 것이라는 이타심과 신뢰의 행동은 믿음의 또 다른 강력한 증거이다.

결과적으로 아브라함의 믿음은 완벽하지는 않았다. 의심의 순간도 있었고 실수도 했다. 하지만 그 모든 과정을 통해 그는 계속해서 하나님을 신뢰하고, 그분의 명령에 순종하고, 그분의 약속을 믿었다. 믿음은 완벽해지는 것이 아니라 이해가 안 될 때, 길이 험난할 때에도 하나님을 계속 신뢰하는 것이 핵심이다.

오늘날 기독교인들은 아브라함과 하나님과의 관계에서 무엇을 배울 수 있을까? 아브라함에게 눈을 돌리면 하나님과의 동행에서 우리 자신의 영적 여정을 위한 보물창고를 제공하는 한 사람을 만나게 된다. 그의 이야기를 깊이 파고들어 오늘날 우리 삶을 위해 어떤 귀중한 보석을 발굴할 수 있는지 살펴볼 필요가 있다.

마지막으로 아브라함의 믿음은 우리에게 유산을 남기는 것에 대해 교훈을 준다. 로마서 4장 16절은 그를 믿음으로 "우리 모두의 조상"이라고 부른다. 그의 선택은 그에게만 영향을 미친 것이 아니라 다음 세대에까지 영향을 미쳤다. 이는 우리의 신앙(또는 신앙의 부족)이 우리 가족, 지역사회, 나아가 미래 세대에 어떤 영향을 미칠 수 있는지 생각해 보도록 도전한다.

그렇다면 아브라함에게서 우리는 무엇을 배울 수 있을까? 위에서 살펴보았듯이 우리는 근본적으로 순종하고, 인내심을 가지고 신뢰하고, 친밀하게 교제하고, 완전히 항복하고, 담대하게 기도하고, 진지하게 언약하고, 영원을 바라보며 사는 법을 배울 수 있다

초대교회 교부들은 아브라함의 믿음과 하나님과의 관계에 대해 무엇을 가르쳤나? 초대교회 교부들의 지혜를 살펴보면 아브라함의 신앙과 하나님과의 관계에 대한 방대한 통찰을 발견할 수 있다.

1세기 후반에 쓴 로마의 클레멘트는 고린도 교인들에게 보낸 편지에서 아브라함을 순종과 환대의 모범으로 꼽는다. 그는 "그의 믿음과 환대 덕분에 노년에 아들을 얻었고, 순종하여 하나님께서 보여주신 산에서 하나님께 제물로 바쳤다."고 썼다. 클레멘트는 아브라함에게서 단순한 믿음이 아니라 행동을 통해 표현된 믿음을 보았

고, 이는 훗날 많은 교부들이 되풀이할 주제였다. 2세기로 넘어가면서 저스틴은 아브라함을 그리스도를 믿는 믿음으로 의롭게 되는 사람들의 전형으로 제시한다. 그는 아브라함이 할례로 의롭게 된 것이 아니라 할례 언약에 앞서 그의 믿음으로 의롭게 되었다고 주장한다. 2세기 후반에 이레네우스는 아브라함의 신앙을 교회의 신앙을 예시하는 것으로 보았다. "아브라함은 하나님을 믿는 믿음으로 의롭다 하심을 받고 의의 증거를 받았습니다."라고 말했다. 이레네우스는 아브라함의 믿음이 단순한 지적인 동의가 아니라 행동으로 이어진 깊은 신뢰였다고 강조한다.

교부들은 믿음을 단순한 정신 운동이 아니라 삶 전체를 형성하는 변화의 힘으로 제시하고 있다. 신앙에 대한 이러한 총체적인 관점은 우리의 믿음이 우리의 행동과 관계에서 어떻게 나타나는지 알 수 있다. 3세기의 위대한 신학자 오리겐은 아브라함의 이야기를 좀 더 우화적으로 접근한다. 아브라함이 우르에서 가나안으로 떠나는 여정을 이교도에서 하나님을 참되게 아는 영적 여정으로 보았다. 이러한 해석은 우리 자신의 영적 성장을 아브라함을 길잡이이자 모범으로 삼아 여정으로 바라보도록 초대한다. 4세기에 암브로스는 아브라함이 기꺼이 이삭을 희생한 것에 초점을 맞추었다. 암브로스는 아브라함의 행위를 믿음과 순종의 최고의 모범으로 여긴다. 암브로스는 "아브라함은 아들을 바치면서 하늘의 명령에 순종했다. 그러므로 믿음은 정의의 기초이다.”라고 말했다. 신앙의 표현으로서 순종을 강조하는 것은 교부들 사이에서 반복되는 주제이다.

초기 지성의 거목이었던 성어거스틴은 아브라함에게서 순례의 모델을 보았다. 그는 그의 저서 『하나님의 도시』에서 “아브라함은 한 사람이었지만, 그에게 주신 약속은 믿음에 따라 그의 자녀인 모든 사람을 위한 것이다.”라고 강조했다.

아브라함의 일생을 회고하면서 아브라함은 하나님과의 언약을 파기하고 아내 사라의 말을 청종하여 인간의 생각대로 계집종 하갈을 통해서 자손을 번성케 하는 실수를 저질렀다. 그가 100세에 가까우면서 아내가 노하게 되어 아이를 낳을 가능성이 희박해진 것을 알고 인간의 방법으로도 하나님의 언약을 지켜 열국의 아버지가 되려고 했던 것이 아닌가 하는 것이 구약 전문가들의 견해이다. 아브라함은 그의 이런 실수 때문에 일생동안 괴로워했을 것이다.

아브라함은 이삭을 낳았을 때나 이스마엘을 낳았을 때 두 아이에게 모두 할례를 주었다(창 21:4; 창 17:26). 이 말은 이삭이나 이스마엘이나 모두 다 아브라함의 자손이라는 표시인데 이스마엘 자손들은 이스마엘의 할례를 빙자하여 이스마엘의 장자권을 강조하고 있다. 또 한 가지 주시해야 할 사항은 아브라함이 죽었을 때 이삭과 이스마엘 두 형제가 같이 장례를 치렀다는 사실이다(창 25:9). 그러나 한 가지 불행한 사실은 이스마엘이 태어났을 때 하나님이 그의 이름을 지으면서 이스마엘은 들나귀같이 되어서 그의 자손이 모든 사람을 치겠고 모든 사람의 손(유대인)이 그를 치며 그가 모든 형제와 대항해서 살게 될 것이라고 하나님이 저주와 같은 언약을 한 것이다(창 16:12). 오늘날 세계는 이삭의 후손과 이스마엘 후손의 대립으로 전쟁이 그칠 날이 없다. 현재 사우디아라비아를 중심으로 한 중동 국가들과 이스라엘은 전쟁의 위험과 불안 속에 살고 있다. 현재 약 1,200만 명의 이스라엘 즉 이삭의 자손들과 이스마엘의 자손으로 구성된 16억의 아랍인들은 형제의 자손들로서 서로 원수와 같이 살아야 하는 하나님의 저주에서 벗어나지 못하고 있다.

구약 역사에 있어서 아브라함은 다윗왕과 더불어 가장 많이 언급되고 존경의 대상이 되는 인물들이다. 다윗왕이 예수 그리스도의 조상으로 성경에 기록되어 있지만 그 외에는 단지 유대 백성의 왕으로서 존경받고 추앙되는 사람으로 알려져 있다. 반면에 아브라함은 이스라엘 백성의 조상으로 유대교의 창시자라고도 할 수 있다. 동시에 기독교의 신앙의 조상으로 존경을 받고 또한 이슬람교의 조상으로도 알려져 있다. 다윗왕이 대부분 유대 백성과 관련이 있는 것에 비해 아브라함은 모든 민족 즉 열국의 조상으로 기록되어 있다. 그동안 유대교, 기독교 및 이슬람교의 학자들은 아브라함에 대하여 많은 연구를 해 왔으며 또 각 종교마다 아브라함을 민족의 조상 혹은 신앙의 선조라고 하여 칭찬을 아끼지 않았다. 아브라함에 대한 연구는 여러 가지 자료를 중심으로 연구 되어 왔다.

신구약을 중심으로 Oral Torah, Talmud, Islam교의 코란, 고고학적 연구(Archaeological research) 등이다. 유대교는 이스라엘 백성들이 그들만이 아브라함의 후손이라고 믿고 있으며 기독교는 그들만이 아브라함의 참 영적 신앙을 본받아 신앙의 후손이라고 말하는 반면에 이슬람교는 유대교의 이삭이 장자가 아니라 이스마엘이 아브라함의 장자이며 동시에 아브라함의 대를 이은 후손이라고 주장한다. 최근의 고고학적 발견은 성서의 내용을 많이 뒷받침해 주고 있다. 아브라함이 살던 갈대아 우르와 아브라함이 정처 없이 광야 생활을 하던 모습들의 발견이다.

그러면 왜 아브라함이 이렇게 훌륭한 조상이며 그리고 열국의 아버지라고 인정을 받았을까? 유대교, 이슬람교 및 기독교신학자들의 공통된 견해는 (1) 하나님에 대한 아브라함의 철두철미한 신앙이요(무조건 하나님에 대한 철저한 신앙으로 아무 말 없이 갈대아 우르를 떠난 것). (2) 아브라함의 자손들이 큰 복을 받게 되고 또 그의 자손이 큰 민족을 이루고, 열국의 아버지를 만들어 주겠다는 하나님의 언약에 대한 절대적인 복종(그의 언약의 상징으로 그의 이름을 Abram에서 Abraham; 열국의 아버지로 바꾸어 줌), (3) 그가 어려울 때마다 하나님게 호소하는 모습(먹을 것이 없어 가나안을 떠나 이집트로 향할 때, 그리고 100세 노년이 되어서도 아들을 얻지 못했을 때 하나님께 호소) 등이다.

그 이외에 아브라함이 하나님으로부터 총애를 받게 되는 몇 가지 이유가 있다. 하나님은 아브라함을 향해서 "blameless(흠잡을 데 없는) 한 사람"이라고 했고(창 17:1), 그리고 하나님은 아브라함을 그의 친구(사 41: 8; 약 2; 22-23)라 했다. 하나님의 위대한 종인 모세나 엘리야도 아브라함이 받았던 친구의 대접을 못 받았다.

아브라함의 또 다른 위대한 성격은 다음과 같다. 아브라함은 성격이 온순하고 손님을 잘 대접할 줄 아는 good entertainer이며 hospitable(친절한) 사람이었다. 아브라함은 그가 나이가 많은 노년임에도 손님으로 온 세 여행객을 잘 대접하였다. 갑자기 나타난 세 여행객을 맞으러 나가서 그들의 발밑에 무릎을 꿇고 정중히 인사를 드렸다. 후에 이 세 여행객은 아브라함으로부터 훌륭한 대접을 받고 아브라함은 또 남은 빵을 잘 싸서 여행객에게 주기도 했다. 아브라함은 이 세 여행객뿐 아니라 같이 딸려온 하수인과 종들도 세 여행객과 똑같이 대접하였다. 후에 알고 보니 이 세 여행객은 하나님이 보낸 천사들이었다. 아브라함의 또 다른 성격은 그는 누구에게나 공평하게 인정을 베푸는 사람이었다. 상대방의 지위와 상관없이 똑같이 대접함으로 그에 대한 좋은 소문이 나 있었다. 아브라함은 사랑이 많은 사람으로 조카 롯을 무척 사랑했고 소돔과 고모라의 멸망에서 구해내려고 애를 썼다. 아브라함은 또한 소돔과 고모라가 멸망당하게 될 때 담대히 하나님 앞에 나아가 소돔과 고모라 사람들의 죄를 용서해 달라고 간곡히 호소한 그들을 대표한 지도자이기도 했다. 아브라함은 친절하고 관대하고 공평하고 인간적이며 지도력을 갖춘 사람이었으므로 누구에게나 존경받는 인물이 되었고 하나님은 그의 성격을 보시고 그를 열국의 아버지로 삼으신 것이다. 아브라함은 동시에 아주 책임성이 강한 남편이요 지도자였다. 이 세 여행객을 맞이할 때 무엇을 어떻게 준비할 것을 일일이 꼼꼼히 아내 사라에게 명령하였다. 사실상 이 세 여행객에게 지나치게 대접한 것이 아닌가 생각되기도 하지만 그러나 이렇게 손님을 훌륭하게 대접하는 일이 아브라함에게는 거의 습관적으로 되어 있었다.

아브라함은 하나님의 선한 종이었다. 하나님은 이웃에게 친절과 사랑을 베풀 줄 아는 사람에게 항상 자기 자신을 나타내기도 하였다. 아브라함의 경우 조카 롯에 대한 사랑과 소돔과 고모라의 죄인들에 대한 긍휼심 그리고 손님들을 극진히 대접하는 것, 아내 때문에 아비멜렉왕에게 그들의 잘못을 용서해 달라고 하는 갸륵한 호소 같은 것들을 통해서 알 수 있다. 하나님은 또한 아브라함을 선지자의 반열에 세우기도 했다. 물론 구약의 선지서, 지혜서 혹은 다른 데 기록되어 있지는 않지만 하나님은 최초의 족장인 아브라함에게 기적을 베풀었으며 그의 갈 길을 예비하셨다. 구약의 일반적인 선지자와 아주 다른 형태의 선지자이다.

아브라함은 중보자의 역할도 하였다. 첫째는 이스라엘 백성에게 후에는 열국의 백성에 대한 온정과 사랑의 표시이다. 그는 단지 이스라엘의 선조로서뿐 아니라 아랍권의 후손들에게도 온정과 사랑을 베풀었다. 하갈과 이스마엘이 광야에 쫓겨났을 때 그들을 불쌍히 여겨 먹을 것을 가져다주었고 후에는 주의 천사를 통해서 하갈과 이스마엘을 축복하여 자손이 번성하고 창대하도록 하는 축복도 주었다. 아브라함은 하나님에 대한 신뢰가 극진했는데 특히 하나님의 지혜, 선하심, 그리고 무한한 능력에 감탄했다. 소돔과 고모라 사람들의 엄청난 죄에도 불구하고 아브라함은 하나님께서 자비로운 하나님이시기 때문에 의인이 몇 명만 있어도 그 백성을 용서해 주실 것을 알고 열심히 기도하고 호소하였다. 그만큼 하나님과 아브라함은 친구와 같은 가까운 사이라는 것을 알 수가 있다.

특히 아브라함이 이삭을 제물로 바칠 때 하나님께서 이삭을 살려 주실 것이라는 굳건한 믿음이 있었다는 것을 구약 창세기는 아름답게 표현해 주고 있다. 또 한편 이삭을 제물로 바친다는 것은 하나님이 만민의 죄를 구속하시기 위해서 자기의 독생자를 희생 제물로 바친다는 상징적인 의미도 포함되어 있다. 하나님께서 아브라함에게 이삭을 제물로 바치라고 했을 때 조금도 저항하지 않고 아들에 대한 사랑보다 하나님에 대한 신뢰가 더 크다는 것을 보여주기도 했다. 아브라함은 하나님에게 한마디도 묻지도 않고 오직 하나님의 선하신 행위를 믿었을 뿐이었다.

아브라함은 하나님의 언약을 잊지 않았다. 하나님은 아브라함이 하나님께 전적으로 순종했기 때문에 이삭을 살려주는 기적을 했다기보다 오히려 아브라함이 기본적으로 의로운 사람이기 때문이라고 보는 것이 더 타당할 것이다. 또 한편 Oral Torah에 의하면 아내 사라는 남편 아브라함이 이삭을 번제로 바칠 가능성을 미리 알고 하인을 통해서 건전한 양 한 마리를 준비해서 아브라함의 뒤를 몰래 따라가도록 했다고 전한다. 물론 후에 이삭 대신에 이 양을 사용했는데 이것도 하나님이 미리 사라를 통해서 예비한 것일지도 모른다고 구약학자들도 추측하고 있다.

아브라함의 본 이름은 Ben Terah이다. 그는 주전 약 2150년경에 갈대아 우르(현 이라크)에서 태어났는데 동생 나홀과 하란 그리고 어머니가 다른 이복 누이동생 사라가 있었다.

사라는 아브라함의 아버지인 데라와 아브라함의 어머니와 다른 여인에게서 낳은 딸로 아브라함보다 10살이 적었는데 물론 후에 아브라함의 아내가 되었다. 아브라함 당시에는 근친혼이 많이 유행했으며 일부다처가 유행했던 때였다.

아브라함은 주전 약 1975년에 헤브론(현 West Bank: 모든 족장들이 묻힌 곳)에서 사망했는데 헤브론은 예루살렘 다음으로 성지로 꼽히는 도시이며 지금도 많은 관광객들이 헤브론 성지순례를 하고 있다. 바빌로니아 Talmud에 의하면 아브라함의 어머니의 이름은 Amathlai이다. 아브라함은 부인을 셋을 두었는데 정부인(legitimate)인 Sarah, 첩 Hagar, 그리고 셋째 부인인 Kenturah이다. 첫째 부인 Sarah에게서 이삭, Hagar에게서 Ismael, 그리고 Kenturah에게서 Zimran, Jokshan, Medan, Ishhak, Midian Shuah 등 여섯을 낳았다. 구약은 이 셋째 부인의 자식들에 대하여 별로 언급이 없고, 단지 Oral Tora에 근거할 뿐이다. 아브라함의 첫째 부인인 사라가 죽은 뒤 3년 후에 그리고 이삭이 결혼한 해에 아브라함은 셋째 부인인 Kenturah와 결혼하였다. 일설에 의하면 Kenturah는 Hagar이라고 전해졌는데 왜 다시 결혼을 해야 했을까 하는 것이다. 이때 아브라함의 나이는 무려 140세였다. 또 Oral Torah와 Rash 전통에 의하면 이삭이 아버지가 외로워하는 모습을 보고 다시 Hagar을 불러 왔을 것이라는 것이다. 그러나 이 모든 것은 전설의 의한 것으로 신빙성은 많아 보이지 않는다.

유대교 학자들은 하나님과 유대 백성들과의 맺은 언약은 독특한 것으로 유대 백성들은 다른 민족과 달리 하나님의 선택된 백성이라는 것이다. 기독교 신학자들은 유대 백성이 강조한 것은 단순히 율법주의적인 것으로 그동안 하나님의 언약관계를 무수히 파계했기 때문에 이제는 율법적이 아닌 영적이며 신앙적인 면에서 유대 백성들이 다 해내지 못한 것을 기독교가 대행하고 있다고 하며 기독교인들이야말로 아브라함을 신앙의 선조로 삼을 자격이 있다고 본다. 기독교에서 주장하기를 아브라함은 율법주의를 벗어나 온 민족 열국의 조상이 되어야 한다 말한다. 그러나 유대교는 지금까지도 'God of Abraham, God of Isaac, and God of Jacob'을 말하며 그들의 정통성을 주장하고 있다.

예수께서 오시기 전에 세례요한은 유대인들의 형식적이고 율법적인 생활태도를 꾸짖으시고 그들의 외식적인 태도에 분노하여 독사의 자식들이라고 하였으며(마 3:7) 그리고 이돌들로도 아브라함의 자손을 만들 수 있다고 하였다(마 3:9). 그리고 육신의 할례가 할례가 아니오 할례는 마음에 새겨야 한다고 사도바울도 강조했다(롬 2:28-29). 사도바울 선생은 또한 모든 환난과 곤고가 장차 이르게 되나니 그 책임의 첫째는 유대인이오 그리고 헬라인이라고 하면서 유대인이 맏형으로 책임을 먼저 피할 수 없다고 하였다(롬 2:9-11). 기독교에서는 또한 아브라함을 선지자로 생각하고 이 선지자를 통해서 하나님이 자기를 나타내시고 또 그를 통해서 하나님과 언약을 맺게 되었다고 믿고 있다. 사도바울은 또한 예수 그리스도를 믿는 사람은 누구나 아브라함의 자손이요 더 나아가서 하나님이 아브라함에게 약속했던 모든 것을 상속자로 받게 되었다고 한다.

기독교 역사를 통해서 사도바울을 위시해서 교회 지도자들은 아브라함이 모든 기독교인의 영적 아버지라고 믿고 있다. 이집트 Hippo의 감독 성 어거스틴은 Christian들은 믿음으로 아브라함의 자손이 되었다고 했고, 종교개혁자 Martin Luther는 아브라함은 인간 신앙의 표준모델(paradigm)이라고 칭찬을 아끼지 않았다. 반면에 가톨릭교회에서는 그들의 성찬예식의 기도문에 아브라함을 신앙의 아버지라고 표현을 했고, 또 가톨릭교의 모든 예배 순서에도 아브라함의 믿음을 본받도록 했으며 결혼식에서는 아브라함과 사라를 사랑의 모델로 표현하기도 한다. 기독교의 다른 종파에서도 아브라함을 위해 기념제를 지내는데 가톨릭교회는 10월에 루터란교회에서도 10월에 Coptic교회(이집트의 Alexandria에 본부를 두고 있는 동방정통기독교회)에서는 8월에 기념제를 행한다.

동방정교회에서는 아브라함을 '의로운 조상 아브라함'이라고 기념하며 2일 동안 축제를 지낸다. 이슬람교에서는 아브라함을 선지자의 반열에 넣어 아담으로 시작하여 모하메드에서 선지자의 활동이 멈춘다고 한다. 그러나 한국 개신교에서는 한국기독교 선열에 대하여는 기념제를 지내나 성경에 나오는 인물에 대하여는 기념제를 지내는 경우가 거의 없다. 이슬람교에서는 'Abraham'을 'Ibrahim'이라고 호칭하면서 이 Ibrahim은 무려 코란의 35장을 할애해서 그를 숭배하였다. 이 35장의 아브라함에 대한 묘사는 성경의 모세를 제외한 다른 어떤 인물보다 자세히 그려져 있다. 더욱이 아브라함은 이슬람교의 최초의 개척자라고 부르기도 한다. 이슬람교에서는 아브라함을 가장 존경받는 선지자라고 믿고 있으며 또한 그를 'Abraham, the Beloved of God' 즉 '하나님의 특별한 사랑을 받은 자'라고 극찬한다. 이슬람교에서는 아브라함은 이삭과 야곱과 더불어 가장 존경받고 하나님의 눈에 뛰어난 인물로 알려지기도 한다. 아브라함은 또한 'Father of Muslim' 즉 이슬람교도들의 아버지로 불리고 있다.

아브라함의 배경은 단순한 것 같으면서 오히려 복잡하다. 그가 살던 갈대아 우르는 최근 티그리스강과 유프라테스강을 중심으로 이루진 메소포타미아 선상에 위치해 있었다는 것이 최근 영국 고고학자에 의해 발견되었다. 영국의 고고학자 레너드 울리가 1923년부터 성서에 언급된 '우르'를 발견해 아브라함시대의 생활환경을 자세히 묘사했다. 본래 아브라함의 가족은 유목민이었는데 갈대아에서 '우르'로 내려오면서 도시생활에 적응하기 시작했다. 그들은 새로운 농경법뿐 아니라 다양한 우상을 만드는 수공업에 종사하기 시작하였다. 이 우르는 페르시아만의 동해변 가까이 있는 Mesopotamia(메소포타미아, 티그리스강과 유프라테스강 사이에 있는 도시)에 있는 도시로 현재는 이라크 남부 나시리야 근처에 있는 도시다. 그래서

Metropolis라고 부르기도 한다.

　여기 한 가지 분명치 않은 것은 아브라함 족속들이 갈대아 우르를 떠났다고 했는데 본래 갈대아(유목민들이) 우르에 이전해서 우르 사람들과 합친 것이 아닌가 생각되기도 한다. 아브라함 가족도 유목민으로 갈대아에 살다가 우르로 같이 이전했을 가능성도 있다. 왜냐하면 고고학에서 밝혔듯이 우르는 그 당시 독특한 원주민으로 농경 발전에 힘입어 그 도시민들이 경제가 좋아졌고 동시에 그 많은 우상숭배를 위한 우상을 만들어야 하기 때문에 수공업도 많이 발달했다. 이 때문에 아브라함의 아버지는 물론 아브라함도 수공업 전문가가 되어서 돈을 많이 벌었을 것으로 상상할 수 있다. 그러므로 하나님을 잘 모르는 아버지 데라는 우르를 떠날 생각이 전혀 없었고 당시에 하나님 보시기에 의롭게 보이는 아브라함에게만 고향 우르를 떠나라고 지시하였다. 아브라함이 하나님의 명령에 순종하고 또 믿음으로 받아들여 우르를 떠났으나 고민도 많이 하였을 것이다. 그 많은 재산을 버리고, 가는 장소도 모르고 정처 없이 떠나야 하는 모습을 상상해 보자. 물론 어느 정도의 짐을 말에 태워가지고 가기도 했고 또 식구들과 하인들의 먹을 것을 준비해서 갔을 가능성도 많다. 그리고 하나님은 아브라함이 떠날 때 장차 갈 곳을 예비하시겠다고 하고 또 그 자손을 축복하여 열국을 이루겠고 또 아브라함의 이름을 크게 떨치게 하고 또 아브라함을 축복하는 사람들을 축복하고 아브라함을 저주하는 사람들을 저주하겠다고 약속했다.

　구약학자들은 아브라함의 행동에 대해서 다소 의심을 품고 있었다. 그가 유일하게 하나님을 전적으로 신뢰하기는 했으나 그의 조상들은 우상숭배자들이었기 때문에 아브라함도 그 조상들의 영향을 받지 않을 수 없었다. 그러므로 우르를 떠날 때 하나님이 인도해 주실 것을 믿고 떠나기는 했으나 다소 두려운 마음이 있을 수도 있다고 본다. 그 이유는 떠날 때 아내 사라에게 먼 여행에 대하여 자세히 의논하지 않은 것을 보아서 알 수 있다. 아브라함은 모든 말에다 말뚝을 끼우고 아버지, 아내, 조카 롯과 그 아내와 종들을 데리고 먼 길을 떠나 하란에 도착하게 된다. 그 긴 여행에 그들을 태운 말들도 다 지쳐서 더 이상 갈 수 없게 되어 며칠씩 쉬어 가기도 했다. 다행히도 아내 사라는 한 마디도 불평하지 않고 믿음으로 하나님이 예비해 주신 곳으로 가서 잘 정착할 것을 믿었다. 당시에는 아내들이 남편에게 순종하는 것이 관습이었고 심지어 아내 사라는 남편에게 '주인(Lord)'이라고까지 부를 정도였다. 지금의 문화 속에서는 상상치도 못할 일이다. 그러나 사라가 남편에게 순종하는 것이 믿음에서 나온 것이라고 본다. 믿음과 순종은 항상 함께 가는 불가분의 관계이다. 믿음으로 사라가 순종하는 것은 아내를 위해 하나님께서 아브라함이 성공하도록 역사하시는 것으로 보았다.

사실상 사라는 약하지도 않고 척추도 없는(맹랑한) 사람도 아니었다. 누구에게 무조건 의지하고 머리도 없는 여자가 아니었다. 사라의 부모들이 이름을 그에게 지어줄 때 사라(Sarah)라고 하지 않고 사래(Sarai)라고 했는데 그 뜻은 Princess(공주)란 말이다. 실제로 사래는 육체적으로 미인이었고 훌륭한 교육을 받았고 그리고 본성적으로 매력이 있는 여자이기 때문에 아브라함은 사래가 자기의 이복 누이동생이지만 그녀에게 매혹된 것이 아닌가 상상해 보기도 한다.

사래의 이름이 장차 사라라고 바뀌었을 때 공주의 image가 없어진 게 아니고 만국의 어머니라는 사라(Sarah)가 덧붙여진 것이다. 사라는 현명하고 능력이 있는 여자였다. 사라가 아브라함에게 시집을 갔을 때 사라는 하나님께서 아브라함에게 언약하신 것이 꼭 성취되도록 하는 것이 그 목적이었다. 이것은 결코 사라가 약해서 그런 것은 아니었다. 이것은 하나님의 뜻이었기 때문에 사라는 믿음으로 받아들인 것이다. 현대의 부인들은 사라와 달리 자기들의 목적도 달성하기 위해 남편을 이용했을 가능성도 많다. 아브라함 가족이 드디어 하란에 도착했다. 그러나 하나님이 아버지 테라에게 하란을 다시 떠나도록 명령을 하였으나 그는 하나님의 명령을 어기고 우상숭배자로 있으면서 살다가 죽었다. 아브라함은 다시 하란을 떠나 정처 없이 먼 여행길을 떠나게 되었다. 아브라함 가족들이 드디어 가나안에 도착했을 때 가나안은 심한 흉년이 들었다. 아브라함은 가족을 이끌고 먹을 것을 구하기 위해 이집트로 떠났다. 이집트로 떠날 때도 아내 사라와 한마디도 상의 하지 않고 무조건 떠났다. 만약에 사라에게 알리면 또 정처 없이 떠나는 어리석은 일이라고 핀잔을 받을까 두려워서 혼자 결정한 것이 아닌가 한다.

아브라함 가족이 이집트에 거의 도착했을 때 아브라함은 걱정스러운 태도로 아내 사라에게 말을 건넸다. "사라 잘 들으시오. 당신은 아름다운 여인이에요. 착각해서 나를 죽이려고 하고 당신을 살리려고 할 거에요. 그러니 그들에게 사라가 나의 여동생이라고 말해줘요. 그렇게 해 주면 저도 살아남게 될 것이고 이제 온전히 당신의 손에 달려 있어요." 사라의 나이가 65세가 되었지만 아브라함이나 다른 사람에게 미녀로 보이기에 더욱 걱정이었다. 아브라함은 사라가 이집트왕에게 불려 가면 이집트왕은 사라를 아내로 취할 것이 틀림없으리라 생각했을 것이다.

드디어 사라가 이집트의 파라오를 만났을 때 아브라함을 자기의 오빠라고 말했다. 파라오는 그 이야기를 듣고 반가워서 사라에게 많은 선물을 주었고 사라에 대한 자기의 사랑의 표시로 많은 땅을 선사했다. 그리고 고센 땅에 이스라엘 사람들이 살도록 환대를 베풀었다. 이때 사라는 하나님 앞에 무릎을 꿇고 기도했다. "하나님이여. 파라오에게서 저를 구원하소서." 그 기도를 들으시고 하나님은 천사를 보내어 파라오로 하여금 사라에게 손을 대지 못하도록 강하게 벌을 주니 파라오는 놀라서 사라에게 다시 사과하고 친절을 베풀기 시작했고 다시는 사라를 괴롭히지 아니했다.

Oral Torah에 의하면 사라가 파라오에게 아브라함이 자기 남편이라고 말했을 때 파라오는 더욱 화가 나서 더 괴롭히기 시작했다고 전한다. 그러자 천사가 내려와서 파라오를 강하게 치니까 파라오는 병이 들게 되고 결국 사라에게 더 이상 괴롭히지 못하게 되었다. 또 한편 예루살렘 탈무드에 의하면 파라오는 이러한 기적과 같은 경험을 한 후에 그 대가로 사랑하는 딸 하갈을 오히려 종의 신분으로 선물로 주었다고 전한다. 자기 딸이 다른 집에 첩으로 가느니 보다 차라리 사라의 종으로 가는 것이 훨씬 나을 것이라고 파라오는 생각했다고 한다. 결국은 아브라함이 말한 것은 반은 진실이고 반은 거짓이라고 볼 수도 있다. 여기서 한 가지 학자들이 의심하는 것은 하나님에 대한 철저한 신앙을 가진 사람이 하나님이 이 일을 잘 처리해 주실 것을 믿지 않고 인간적인 생각으로 처리하게 됨으로 아무리 신앙이 좋은 아브라함도 인간의 생각의 범주에 벗어나지 못하는 것을 짐작하게 된다고 평한다.

여기서 한 가지 독특한 사유는 다른 것이 아니라 파라오가 어떻게 저렇게 65세나 되는 할머니의 아름다움에 감동이 되었을까 하는 것이다. 파라오는 궁중에 젊고 아름다운 궁녀들이 굉장히 많을 텐데 하필이면 늙은 사라에게 눈독을 들일까 하는 것이다. 학자들은 이것이 일반적인 사실이기보다 아브라함의 지나친 생각이 아닌가 추측해 본다. 왜 사라가 아브라함의 부정적인 요구에 동참하게 되었을까? 물론 사라가 그 요구를 거절할 수도 있었을 것이다. 그러나 사라는 이 모든 어려운 일들을 하나님께서 해결해 주실 것이라는 믿음과 순종에서 나온 것이라고 보는 견해가 옳은 것 같다. 더욱이 사라는 장차 하나님께서 아브라함을 통해서 열국의 아버지로 세워 줄 것을 굳게 믿은 것 같다.

지금까지의 시험은 아브라함의 인간적인 생각에서 시작된 것이라고 해도 과언이 아니다. 여러 차례의 이동을 하면서 자신은 물론 아내와 하수인들을 살리기 위해서 노력을 많이 해 온 것도 인정을 해야 한다. 그러나 앞으로 닥쳐올 시험은 지금까지의 시험보다 다루기가 훨씬 더 어려운 시험이다. 아브라함 나이가 100세를 바라보고 사라의 나이가 90세를 바라보는 때에 아직도 자식을 곧 낳게 해 줄 것이라는 하나님의 응답과 계시도 없이 답답할 수밖에 없다. 물론 하나님은 아브라함을 열국의 아버지가 될 것을 환기시키고 또한 안심시키기 위해 그의 이름을 Abram에서 Abraham(열국의 아버지)로 고쳐준 것도 아브라함은 알고 있었다. 그러나 아브라함과 아내 사라는 더 이상 참을 수가 없어서 인간의 방법을 써서라도 자식을 낳아 열국의 아버지 어머니가 되어 하나님의 뜻을 이루고자 했을 수밖에 없었다. 이를 위해 먼저 사라는 남편에게 이집트의 계집종을 데려다

첩으로 삼아 자식을 낳게 하는 방법을 제시했다. 아브라함은 일면 하나님의 언약을 기다리면서 할 수 없이 사라의 의견을 받아들인다. 물론 마음이 편치는 않았을 것이다.

이러한 충동적인 선택과 하나님의 뜻에 어긋난 행동은 결국 하갈이 임신함으로 인해 사라와 하갈 사이에 갈등이 커지기 시작했다. 여종 하갈을 첩으로 데려오는 것은 물론 사라의 제안으로 시작되었으나 결국은 이 모든 문제를 남편이 결정해야 했으므로 사라는 자연히 이 모든 책임을 남편에게 넘기려고 애를 썼다. 사라와 하갈의 싸움이 더욱 커지기 시작하면서 사라는 무자비하게 하갈을 괴롭혔으며 사라의 하갈에 대한 증오는 하늘을 찌르듯 걷잡을 수 없게 되었다. 아브라함도 이러한 갈등을 해결할 특별한 방법이 없었다. 아브라함은 그 나름대로 이 문제를 회피하려 했다. 아브라함이 처음부터 사라의 요청을 거부했더라면 큰 문제가 없었을 텐데 이제 아브라함은 할 수 없어서 결국은 이 모든 문제를 사라 혼자서 해결하도록 통째로 넘겨주었다. 아브라함은 사라에게 하갈에 대하여 자기 마음대로 하고 싶은 대로 하라고 말을 건네면서 더 이상 자기를 괴롭히지 말라고 했다.

사실상 아브라함의 궁극적인 목표가 단지 하갈을 통하여 자손을 이루어 열국의 아버지가 되려 하는 건지 아니면 정실부인인 자기를 통해서 할 것인지 사라는 다소 의심을 가지고 있었던 것도 사실이다. 그러나 하나님이 남편 아브라함을 통해서 열국의 아버지가 되고 또 사라도 자기를 통해서 열국의 어머니가 될 것이라는 하나님의 언약을 아직도 가지고 있었던 것도 틀림없다. 이러는 중에 하나님이 일면 신중하면서도 농담조로 물어보셨다. "아브라함과 사라야 이런 일들이 너희들에게는 너무 어려운 일이냐?"라고 말씀하셨는데 이 말을 듣고 아브라함과 사라는 상당히 당황하면서 놀라기도 했다.

이 이야기는 구약 Torah보다 Oral Torah에 더 자세히 기록되어 있다. 하나님의 이러한 질문과 도전에 대하여 아브라함과 사라는 그동안 인간적인 생각에서 시작된 모든 것이 하나님의 뜻에 맞지 않는다는 것을 깨닫고 또 다시 하나님의 사랑과 언약에 대하여 그들의 신앙을 다시 한 번 되돌아 볼 수 있는 기회가 주어진 것도 알게 되었다. 아브라함과 사라가 하갈 문제로 상당히 어려웠으나 그 이후에는 다시 하나님의 언약을 다시 확고하게 신뢰하는 방향으로 돌아오게 되었다. 사실상 하나님에 대한 그의 신앙이 아주 식어버린 것은 아니지만 그러나 그의 나이 100세가 가까우면서 자기의 늙은 몸을 생각하지 않을 수 없었다. 그리고 사라의 자궁도 노쇠했다. 그러면서도 하나님의 언약이 그들을 통해서 성취될 것이라는 희망은 놓치지 않았다.

그러나 하나님의 언약대로 실재로 이삭이 태어나자 문제는 더욱 심각해졌다. 장차 이스마엘과 이삭 사이에 일어날 장자권의 싸움이 그들 가족에게 회오리바람처럼 닥치기 시작했다. 이삭이 태어나자 하갈과 이스마엘은 이삭을 놀리기 시작했다. 사라는 화가 나서 아브라함에게 가서 하갈과 이스마엘을 내쫓으라 그리고 이삭이 아니고는 이스마엘은 절대로 아브라함의 상속자가 될 수 없다고 강권적으로 말하였다.

한번 돌이켜 보면 이 사라는 믿음이 좋고 순종을 잘하던 옛 그 사라가 맞는가 하는 의심이 생긴다. 사라는 하루아침에 정이 없는 독한 여자로 변한 것이다. 사실 사라는 자기의 생각을 그대로 표현한 것뿐이다. 이렇게 속상하고 화를 내는 것은 옳은 일은 아닌 것으로 생각된다. 하나님은 다시 중재에 나서서 그전에 자기가 아브라함에게 언약했듯이 아내 사라를 통해 열국을 이룰 것을 재확인하면서 아브라함에게 사라의 말을 들으라고 명령하셨다. 하나님이 처음으로 사라의 말을 들으라고 했다. 때로는 하나님은 남편들로 하여금 아내의 말을 들어서 잘못된 점을 고치려고 할 때가 많다. 결국은 사라의 권유이지만 실수는 아브라함이 하였기 때문에 하나님은 사라의 말을 청종하라고 했다.

이 소식을 들은 사라는 흥분이 되고 기뻐서 어쩔 줄을 몰랐고 하나님이 드디어 자기 의 기도를 들으시고 소원을 풀어 주셨다고 생각했을 것이다. 드디어 하갈과 그의 아들 이스마엘은 떠나게 되었다. 아브라함은 하갈과 이스마엘을 떠나보내면서 이른 아침에 그들에게 떡과 물 한 가죽부대(창 21:14)를 주고 전송했다. Oral Torah에 의하면 그들이 하도 가엾어서 아브라함이 눈물을 흘렸다고 기록되어 있다. 그들이 도착한 광야는 브엘세바로 사람이 살 곳이 못되는 황무지로 사나운 짐승들이 많은 곳이었다.

모리아산의 기적

하나님으로부터 받은 가장 큰 시험은 이삭을 제물로 바치는 일이다. 전에도 설명한 것처럼 이 시험은 인간으로는 도저히 감당할 수 없는 시험이다. 지금은 말할 것도 없겠지만 그 당시 아브라함도 외아들, 특히 열국의 조상이 될 아들을 번제물(태워 죽이는 제사)로 바친다는 것은 상상할 수도 없었을 것이다. 이 story는 단지 성경에서만 나오는 이야기만이 아니라 후에 전세계적으로 알려진 episode로 변질되었다. 전설에 의하면 다른 나라에서도 이삭의 제물을 모델로 삼아 같은 방식으로 번제를 드리는 축제를 벌인다고 한다.

성경에 의하면 모리아산 사건에 대하여 사라의 이름은 전혀 언급되지 않고 있다(창 22:1-13). 그러나 Oral Torah에 의하면 사라는 남편의 행동을 미리 알아차리고 번제 때에 땔 나무와 불과 칼을 미리 준비시켜 놓고 종들로 하여금 아브라함의 뒤를 따르도록 하였다고

전한다. 인간적으로 아내 사라는 현명하게 일을 처리했지만 실제로
는 하나님이 미리 사라를 통해서 예비한 것이다. 사라는 남편과 아
들이 떠나는 것을 멀찌막한 곳에서 쓸쓸히 바라보았다. 혹시나 돌변
이 생길까 걱정이 생기기도 했을 것이다. 아브라함은 그래도 하나님
이 번제물을 예비해 주실 것을 믿고 떠났으며 사라도 한쪽으로는 걱
정했지만 결국 하나님이 잘 처리해 줄 것이라는 신앙은 가지고 있었
다.

아브라함은 3일 동안 걸어서 드디어 모리아산에 도착하였다. 사
라는 남편과 아들 이삭이 사라질 때까지 물끄러미 바라보고 눈물을
흘렸다. 사라는 외아들의 어머니로서 장차 열국의 조상이 될 아들을
잃게 될 것이라는 무서운 생각에 애간장을 태웠을 것이다. 여러분들
이 사라라면 어떻게 처신했을까? 그러나 사라는 한마디도 불평하지
않았다. 이것은 또한 사라의 하나님에 대한 신앙과 순종에서 나온
것이라고 해도 과언이 아니다. 우리 Christian들도 마찬가지로 하나
님께 소망을 둔 사람들은 어떤 일이 생겨도 하나님께 무조건 순종하
는 신앙을 꼭 간직해야 한다. 아브라함은 하인들로 하여금 그 자리
에 머물도록 명령하고 아들 이삭을 모리아산 언덕으로 데려갔다. 아
들 이삭은 아버지에게 제물로 바칠 양이 어디 있느냐고 물어보았을
때 아버지는 하나님이 미리 예비해 두셨다고 일러주었다.

아브라함이 이삭을 막 번제로 바치려 했을 때 주의 천사가 나타나서 어느 한 구석의 덤불에 갇혀 있는 숫양을 데려다 이삭 대신에 번제로 드리라고 전했다. 그 후부터는 이 장소를 이레(Jireh)라 명명했는데 그 뜻은 하나님이 미리 예비하셨다는 말이다. 이 사건 이후로 하나님은 아브라함에게 많은 후손과 그들의 번성을 다시 약속하셨다. 이 사건 이후 그들은 브엘세바로 곧 이동하였다. 그러나 이슬람교의 경전에는 아브라함이 이삭을 모리아산에서 번제로 드렸다는 이야기가 전혀 나오지 않는다. 물론 이슬람교는 유대교 구약학자들이 기록했다고 하는 창세기의 story를 일부러 무시했을 가능성이 많다.

반면에 코란에는 이삭 대신에 이스마엘을 번제로 드린 것으로 되어 있다. 아브라함이 이스마엘을 나무에 묶어 칼로 죽이려 할 때에 눈물을 많이 흘렸다고 기록되어 있다. 여기에서 여호와 하나님이 이스마엘을 죽이지 말도록 아브라함에게 명령한 것이 아니라 자기의 코란에 나오는 Allah 신이 아브라함에게 명령한 것으로 되어 있다. 코란은 구약보다 상당히 뒤에 지어진 것으로 구약의 창세기 내용을 거의 다 copy한 것을 부정할 수는 없다. Allah는 아브라함에게 "이스마엘을 죽이지 말라. 내가 너를 위하여 숫양 한 마리를 예비해 놓았느니라."라고 했다. Allah는 또한 자기를 위해 성전을 건축하라고 명령하였다. Abraham은 이스마엘에게 검은 돌을 가져다 주춧돌로 삼으라고 했으며 이 성전의 이름을 'Kaaba'라고 지었고 현재 사우디아라비아의 Mecca에 있으며 매년 수많은 이슬람교도들이 이곳에 성지순례를 하고 있다. 또 이 Kaaba 성전은 세계에서 가장 성스러운 곳이라고 선전하고 있다.

Abraham과 롯의 가족들이 서로 헤어져 다른 곳으로 이동함

아브라함과 롯의 가족들이 함께 세겜으로 갔다가 다시 벧엘로 돌아왔는데 그동안 아브라함과 롯의 가족들뿐 아니라 가축들도 많이 늘어났으며 더욱이 양 가족들의 목자들 사이에 시기와 질투가 일어나서 같이 살수가 없게 되었다.

아브라함은 롯과 상의해서 서로 헤어지도록 하였다. 조카 롯으로 하여금 동쪽으로 가든지 서쪽으로 가든지 자유로이 선택하도록 하였다. 롯이 본즉 서쪽은 황무지 같아서 향락의 도시 같은 Zoar으로 향해 요르단 동쪽을 택하였는데 소돔(Sodom)과 가까운 곳이었다. 반면에 아브라함은 약간 남쪽으로 내려가서 헤브론(Hebron: 장차 3대 족장들의 무덤이 세워질 곳)으로 간 다음 다시 마므레(Mamre)평야로 가서 하나님께 제단을 쌓았다. 요르단강을 끼고 세워진 소돔과 고모라가 엘람(Elam)과 전쟁을 하게 되었는데 롯의 온 가족은 엘람 사람들에게 포로가 되었고 엘람군대는 소돔군대를 무찌르고 모든 전리품을 약탈해 갔다. 그 당시 롯의 가족은 소돔왕국에 가까이 있었으므로 포로가 되었던 것이다. 포로 중의 한 사람이 도망쳐 나와 롯의 가족이 어떻게 포로가 되었는가를 아브라함에게 자세히 설명하자 아브라함은 즉시로 잘 훈련된 핵심군 318명을 이끌고 엘람군대를 추적하기 위해서 북쪽으로 향했다. 엘람군대는 시딤(Sidim)에서 이미 패하였고 그리고 Dan에 이르렀을 때 아브라함은 자기의 군대를 여러 조로 나뉘어서 야밤에 엘람군대를 공격하였다. 그리고 엘람왕을 시리아의 다마스커스 북쪽에서 살해하였다.

아들과 같은 조카 롯에 대한 지극한 사랑은 이해가 되나 그 가족을 살리기 위해서 타국의 왕을 살해하는 아브라함의 또 다른 면에 놀라지 않을 수 없다. 하나님이 벗으로 삼을 정도로 흠이 없고 의로운 아브라함이 살인자의 누명을 쓰게 되는데 그래도 믿음의 조상이라고 표현하는 것이 마땅한 것인지? 또 그의 행동을 어떻게 정당화할 것인가? 엘람왕을 살해하는 것이 오로지 자기의 생각에서 나온 것이지 현대 구약학자들은 의문을 제시한다.

아브라함은 롯을 구했고 빼앗겼던 모든 약탈품도 되찾아 주었다. 아브라함이 전쟁에서 돌아오자마자 하나님의 제사장이라고 불리우는 살렘왕 멜기세댁(상징적인 하나님의 제사장)은 아브라함에게 떡과

포도주를 주고 축복해 주었다. 아브라함은 너무나 감사해서 멜기세덱에게 십일조를 바쳤는데 이것은 장차 십일조의 상징적 기본이 되었다. 소돔왕도 아브라함에게 자기의 백성들을 놓아주면 그의 소유물을 전부 다 되돌려 주겠다고 약속했다. 그러나 아브라함은 그의 제안을 거절했다.

이때에 아브라함의 환상 가운데 하나님의 음성이 다시 들려오기 시작했다. 하나님은 아브라함에게 자기의 언약을 재확인시켰다. 장차 아브라함의 자손들이 하늘의 별처럼 번창하겠다고 예언을 했다. 그러나 불행하게도 하나님은 장차 이스라엘 백성들이 이집트의 종살이를 하게 될 것이라는 예언도 남기셨다.

소돔과 고모라를 멸망시킬 계획

아브라함과 세 천사들은 소돔과 고모라의 죄상을 논하기 위해 멀리서 이 도시들을 내려다보았다. 이 두 도시의 시민들이 지은 죄는 상상을 초월했다. 하나님은 이미 이 두 도시를 멸망시킬 계획을 다 마친 셈이다. 그러나 조카 롯을 구하기 위해 아브라함은 하나님께 간구하였다. "만약에 이 두 도시에 적어도 의인 열 명이 있어도 멸망시키시겠습니까?" 하나님은 너그럽게 용서해 주시겠다고 다시 확언의 말을 건네주었다. 이 세 천사 중의 두 천사가 롯에게 가서 롯의 손님으로 온 사람들을 빨리 집에서 내보내라고 하며 곧 멸망이 올 것이라고 예고했으나 롯은 거절하였다. 이 멍청이 같은 롯은 소돔과 고모라의 심각한 상황을 잘 모르는 듯했다. 롯은 손님 대접에만 열중하고 있었다. 롯은 그 대신 이 두 천사들에게 자기의 처녀 딸들을 제공하겠으니 좀 이해해 달라고 했으나 천사들은 두말없이 거절하였다. 이 두 천사들은 롯의 집의 방문을 열고 손님들을 끌어내려고 하였다. 멸망이 곧 임박함을 알려 주고 있었다. 그 후에 아브라함이 하나님 앞에 서서 다시 이 두 도시를 내려다보니 전혀 생존할 길이 없음을 깨닫게 되었다. 드디어 소돔과 고모라는 강한 불에 휩싸여 멸망하고 말았다.

아브라함과 블레셋왕 아비멜렉(Abimelech)

아브라함 일행은 Kadesh와 Shur 도시 사이에 정착했는데 이곳은 잘 알려진 블레셋 땅이다. 불행하게도 아브라함은 전에 이집트의 바로왕을 만났을 때와 마찬가지로 블레셋왕 아비멜렉을 만나게 되었는데 이때도 역시 아내에게, 자기(사라)가 아브라함의 여동생이라고 말해달라고 간곡히 부탁했다. 꿈의 환상 가운데 하나님이 아비멜렉에 나타나서 사라를 건드리면 죽음을 면치 못할 것이라고 경고하면서 아브라함은 사라의 남편이라고 하자 아비멜렉은 사라에게 손을 대지 못하게 되었다. 아비멜렉이 하나님에게 "이 일로 인해 자기 민족도 멸할 것이냐"고 물었다. 하나님은 아브라함이 흠잡을 데 없는 의로운 사람이라고 거듭 강조하면서 만약에 사라를 살려 내보내지 않으면 아비멜렉왕은 물론 온 민족이 멸망당하게 될 것이라고 재차 경고했다. 얼마 후에 아브라함은 선지자로서 장차 자기(아비멜렉)의 장래를 위해서 하나님께 기도해 줄 것이라는 소문을 들었다.

블레셋왕 아비멜렉 앞에 사라가 불려왔을 때 사라의 나이는 무려 90세가 되었는데 과연 이 할머니에게 아비멜렉이 매혹되었는지 다소 궁금한 면이 있다. 그러면 아브라함이 처음부터 아내 사라를 통해서 자기의 여동생이라고 밝힌 이유가 무엇일까? 지난 이집트에서와 마찬가지로 아비멜렉왕과 그의 백성들이 아브라함을 죽이고 사라를 아내로 취할 것 같은 의심 속에서 똑같은 실수를 저지른 것이다. 그 후에 아브라함은 아비멜렉의 무식한 처신에서 비롯된 결과를 의식하고 서로 상의한 끝에 잘 지내기로 하였다.

드디어 하나님의 언약이 성취될 때가 되었다. 그 전해에도 하나님과의 언약이 곧 이루어질 것이라고 짐작은 했으나 이 언약이 현실화되면서 아브라함과 사라는 기쁘기도 하지만 동시에 좀 당황하는 모습이었다. 사라가 임신했을 때의 아브라함의 나이는 거의 100세가 되었고 사라의 나이도 90세를 넘길 정도였다. 도저히 육체적으로 불가능했던 일이 현실화 되면서 장차 이삭과 이스마엘의 장자권 투쟁이 본격화 되기 시작했고 아브라함은 이 문제를 어떻게 풀어갈 것인가 고민에 빠지기 시작했다.

사라가 아브라함에게 하갈과 이스마엘을 내쫓을 것을 강권하자 아브라함은 몹시 괴로워했다. 이삭이 태어났을 때 이스마엘의 나이는 14살이었고 이삭을 아주 우습게 보고 놀리기 시작했다.

아브라함은 하나님께 도움을 요청했는데 하나님은 괴로워하지 말고 사라의 말대로 하라고 지시했다. 하나님은 장차 이삭이 이스라엘의 조상이 될 것이라는 언약을 재확인하면서 동시에 이스마엘도 큰 축복을 받아 열국을 이루겠다고 하시고 이스마엘도 아브라함의 자손이라고 말해주었다.

하나님은 이삭의 자손이 앞으로 중요한 위치에 서게 될 것을 말하면서 이스마엘 자손도 크게 번창하여 열국을 이룰 것을 상기시켰다.

사라가 127세에 세상을 떠나게 되었다. 아브라함이 그렇게 사랑하던 아내가 먼저 세상을 떠나자 그는 며칠 동안 음식을 전폐하고 울기만 했다고 Oral Torah는 전한다. 아브라함은 헤브론의 한 무덤을 사서 사라의 장례를 치렀다. 사라는 막벨라굴(Machpelah)에 안치되었고 후에 아브라함을 위시해서 이삭과 야곱 등 족장들이 이 굴에 묻히게 되었다.

아브라함의 나이가 140세 되고 이삭의 나이가 40세 되던 해에 그리고 사라가 세상 떠난 지 3년 만에 이삭이 드디어 결혼을 하게 되었다. 그 당시에는 근친혼인이 유행하던 때이고 또 자기의 혈연을 중요시하던 때라 아브라함도 아들의 결혼에 대하여 신경을 많이 썼던 것도 사실이다.

아브라함은 자기의 유일한 형제인 나홀의 딸(실제로는 손녀딸)이며 자기의 자부가 되는 리브가를 이삭의 아내로 주기로 하였다(주전 2036년, 창 23:1). 리브가는 메소포타미아의 나홀성(창 24:10)에 살고 있었다.

이삭이 성장하면서 아버지 아브라함으로부터 모든 상속을 받게 되고 나머지 자녀들에게는 조그마한 선물을 줄 정도였다. 사라가 죽은 다음에 아브라함은 Keturah를 첩으로 데려왔다. 아브라함은 첩 Keturah로부터 여섯 아들을 얻었다. 이렇게 해서 점차적으로 아브라함은 열국의 조상이 되었다. 이스라엘 민족, 이스마엘 민족, 에돔 민족, 아말레카이트 민족, 케니자이트 민족, 미디안 민족 그리고 앗시리아 민족(현 시리아) 등이다. 아브라함은 롯의 자손들을 통해서 모압과 암몬 민족의 조상도 되기도 했다.

아브라함은 이삭과 리브가와의 결혼, 그리고 그의 쌍둥이 손자들(에서와 야곱)이 태어나는 것도 보고 향년 175세에 세상을 떠나 막벨라굴에 묻혔다. 이삭과 이스마엘은 아버지 아브라함을 아내 사라 옆에 같이 장례를 치렀다.

아브라함의 story는 창세기에 기록되어 있지만 주로 Oral Torah 에 많이 의존한다. 창세기에 기록된 아브람과 아브라함의 이름은 고대 구전어로써 아브람의 뜻은 '큰아버지'이고 아브라함은 '열국의 조상'이라는 뜻인데 실제로 아브라함의 다른 뜻은 '존경받을 만한 고귀한 조상'으로 지금은 거의 그 뜻이 없어졌고 그 대신에 '만민의 조상'으로 일컬어진다.

구약의 모세 5경을 뒷받침해 줄 수 있는 Oral Tora는 아주 중요한 source가 되었다. 이 구두 전통의 Torah는 바빌로니아 포로 이후에 쓰여진 것으로 이 시대는 페르시아왕국 시대(주전 520-320)였다. 이 시대는 또한 점차적으로 전통적인 유대 민족이 형성되는 기간이기도 하다. 유대 민족이 하나의 강력한 민족으로 발돋움하면서 자기들의 고유한 제사장들과 이들을 도와주는 장로제도(Elders)가 생기기 시작했다.

아브라함의 아내 사라

사라의 족보를 보면 다소 복잡하다. 사라는 아브라함의 아내인 동시에 여동생이다. 아브라함의 아버지인 Terah가 아브라함의 어머니가 아닌 다른 여자를 얻어서 난 딸이다. 하란은 자기의 오라비가 되고 롯은 그의 조카이고 이스마엘은 그의 의붓아들이다. 유대교와 기독교 그리고 이슬람교는 사라를 경건한 여자로 묘사하고 있다. 구약 창세기는 특히 사라를 친절하고 아리따운 여자로 설명하고 있다. 사라(Sarah)의 본래 이름은 사래(Sarai)인데 그 뜻은 공주(Princess)로 시집 올 때 가지고 온 이름이다. Sara의 Sar은 당시에 귀여운 여성에게 붙여주는 흔한 이름이었다. 이 Sar은 주로 셈 족속들에 의해 쓰였는데 그들은 통치자의 딸이란 의미에서 이름을 사용하기도 했다. 사라의 일생은 자신이 선택한 것이 아니라 아브라함에 의해서 이루어진 것이다. 아브라함의 가족들이 갈대아 우르를 떠나 하란으로 내려갔는데 이 도시는 고대도시로 이스라엘 동북쪽 약 300마일 떨어진 곳에 있으며 현재 동부 터키에 자리 잡고 있다. 현재는 도시의 흔적이 거의 남아 있지 않지만 아브라함 당시에는 다른 도시를 연결해 주는 큰 통로의 역할을 하였다.

또 전에도 설명한 것처럼 갈대아는 메소포타미아 남쪽에 있으며 우르(Ur)의 수도였다. 현재 이라크 남쪽의 앗시리아에 가까이 위치해 있다. 후에 아브라함 가족은 하나님의 명령으로 하란에서 가나안(현 이스라엘)으로 이동했으나 가나안에 흉년이 들어 다시 이집트로 떠나게 되었다. 그 동안 여러 곳을 방황하다가 10년의 세월이 흘렀다. 아브라함과 사라의 노쇠에도 불구하고 사라가 임신해서 결국 이삭을 낳게 될 것이라고 하나님이 예언을 했을 때 사라는 웃음보를 터뜨렸다고 Oral Torah는 묘사하고 있다. 반면에 이슬람교 경전인 코란은 사라에 대하여 유대교와 기독교의 해석을 거의 모방한 것 같다. 사라는 훌륭한 여자이고 아브라함의 친척이고 아내이며 오랫동안 임신을 못한 여자로 묘사되었다. 그러나 한 가지 다른 것은 사라가 아브라함의 누이동생이 아니고 사촌이라고 기록되어 있으며 아브라함의 아버지 Terah의 형제의 딸이며 아브라함의 첩이 아니라 둘째 부인이라고 지위를 높여 주었다. 그리하여 하갈과 사라 사이의 관계를 좀 더 좋은 관계로 보려고 하는 흔적이 보인다.

코란도 역시 창세기의 기록과 마찬가지로 사라의 임신을 묘사하고 있다. 그러나 한 가지 다른 것은 창세기에는 하나님이 직접 아브라함에게 사라의 임신을 말하는 것으로 되어 있는데 반해 코란에서는 천사가 나타나서 사라의 임신을 축복하며 "Peace"라고 말했고 아브라함도 답례로 역시 "Peace"라고 천사에게 인사를 건넸다고 기록하고 있다.

창세기와 마찬가지로 코란에서도 사라가 헤브론의 족장 무덤인 막벨라굴에 매장되었는데 사라가 제일 먼저이고 그 후로 모든 족장들(아브라함, 이삭, 야곱)과 이삭의 아내인 리브가와 야곱의 아내들인 리아와 라헬도 이 굴에 안장되었다.

구약학자들 간에는 사라가 이집트왕 바로와 블레셋왕 아비멜렉을 만났는데 누구를 먼저 만났는지 자세히 알 수 없다고 논쟁을 벌이기도 했다. 유대교의 관습에 의하면 율법적으로 아내를 'sister(누이)'라고 호칭하여 주는 것이 보통으로 이것은 남편과 아내 사이를 좀 더 가까운 관계로 표시하는 전통이다. 그래서 아브라함과 이삭도 자기의 아내를 'sister'라고 부른 이유가 여기에 있다.

아브라함 당시에는 아내와 누이동생의 명칭이 서로 바뀌어 쓰여진 경우가 많았다. 이런 환경 속에서 아브라함과 어머니가 다른 사라의 관계는 근친혼에 해당되지 않는다고 구약학자들은 거듭 강조한다.

창세기에 의하면 하갈은 이집트의 여종으로 사라의 수종과 시녀로 들어와서 임신을 하여 이스마엘을 낳게 된다. 이스마엘은 그 후 아랍의 시조요 이스마엘 자손의 조상이 된다. 코란에서는 하갈은 아브라함의 둘째 부인으로 기록되어 있다.

Midrash(성경을 주석하는 구두전통)에 의하면 하갈은 이집트의 왕 바로의 딸로써 하나님이 사라를 바로왕에게서 구원해 주는 기적을 보고 말하기를 이집트 궁중에서 공주로 남아 있는 것보다 차라리 사라의 종으로 사는 것이 더 나을 것이라고 말했다고 기록되어 있다.

Midrash에 의하면 'Hagar'은 'Ha-gar'의 단어에서 나온 것으로 그 뜻은 보상(Reward)을 말한다. 사라는 처음에 하갈을 시녀로 데려 왔지만 나중에는 첩으로 삼아 아이를 낳게 함으로 하나님으로부터 축복을 받아 장차 자기도 임신하여 아이를 낳게 되는 소원을 풀어 보려는 생각을 가졌던 것이다. 사라는 처음에 하갈을 잘 돌보아 주었으나 하갈이 임신하면서 자기 주인인 사라를 냉랭하게 대하게 되자 사라는 화가 치밀어 하갈을 괴롭히기 시작하고 그에게 중노동을 시키고 무자비하게 때리고 나중에는 광야에 내다 버렸다.

임신하고 지쳐 있고 무자비하게 학대당하여 광야에서 헤매는 하갈을 보고 천사는 다음과 같이 친절하게 그리고 인간적인 면에서 질문을 던졌다. 지금까지 복종만 하는데 익숙했던 하갈은 놀라지 않을 수 없었다. "사라의 종 하갈아. 어디서 왔으며 어디로 가는 길이냐?" 하갈이 대답하기를 "내 주인 사라에게서 도망쳐 나왔습니다."

하갈에게는 다음의 두 가지 방법밖에 없었다. 하나는 무자비하게 학대하는 사라에게 돌아가든지 또 하나는 거친 광야에서 생활을 하든지 하는 것이었다.

천사는 의외로 아주 엄중하게 하갈을 야단치면서 사라에게 돌아가라고 명령하였다. 천사는 분명히 임신으로 지친 하갈이 광야에서 견디지 못할 것이며 가나안을 떠나 다른 지역으로 이동하는 것이 불가능하다는 것을 알고 있었다.

하나님은 절망에 가득 찬 하갈을 그냥 버려두지 않으셨다. 나중에 하나님도 하갈에게 아브라함과 사라에게로 돌아가라고 명령하시고 장차 하갈이 낳는 아이를 통하여 그 자손이 번창 하는 축복을 받을 것을 이미 예고하셨다.

전에 하나님이 아브라함을 축복하신 것처럼 하갈에게도 똑같이 축복하셨다. "하갈, 너에게 아들이 태어날 것인데 그는 너의 육체의 후손이오 동시에 너의 상속자가 될 것이라. 하늘의 별을 보라. 너의 자손도 이와 같이 번성할 것이며 또한 사막의 모래와 같이 많아질 것이고 또한 너는 열국의 어머니가 되리라."고 축복하셨다(창 15:4-5).

천사가 다시 하갈에게 다음과 같이 하나님의 뜻을 계시하였다. "네가 아이를 낳으리니 그 이름을 '이스마엘(Ismael)'이라." 그 뜻은 '하나님이 너의 고통을 들으셨다'는 것이다. 이 아이는 사나운 들나귀 같아서 모든 사람들과 싸울 것이며 동시에 모든 다른 사람들의 후손들도 장차 이 아이의 후손들과 대항해서 싸우게 될 것이라는 저주의 언약도 하였다. 하나님은 장차 이스마엘의 자손은 이삭의 자손들의 억압에서 벗어나 살게 될 것도 예언하셨다. 불행하게도 이스마엘은 당시의 율법에 따라 이삭의 이복형으로 살되 정실부인에게서 낳은 이삭에게는 모든 상속이 돌아가게 되었고 대리모 하갈의 아들인 이스마엘에게는 전혀 상속이 허락되지 않았다.

그러나 하나님은 하갈에게 따로 희망을 주며 축복을 하셨다. 하갈은 다시 희망을 가지게 되고 또한 하나님과의 새로운 관계를 맺고 자기의 정체성(Identity)을 찾게 되었다.

하갈은 "하나님께서 자기를 살피셨고 나도 나를 본 하나님을 보았다"고 고백하였다(창 16:13). 얼마 동안 아브라함은 하갈이 아이를 잘 낳도록 신경을 쓰고 좋은 음식도 제공해 주며 평화롭게 지냈다. 약 14년 동안 사라와 하갈도 싸움 없이 조용히 잘 지냈다. 아브라함은 장자 이스마엘에 대하여 신경을 많이 쓰게 되었다. 아브라함은 하나님께 이스마엘이 하나님이 약속한 아들로 삼아 달라고 요청하면서 그에게 할례까지 주었다. 이 할례는 장차 그 자손들에 대한 하나님의 언약을 상징하기도 했다. 아브라함은 이스마엘을 통하여 하나님의 언약이 이루어지기를 바라고 있었다. 아브라함과 사라가 하란을 떠난 지 25년 만에 드디어 이삭이 탄생하게 되었다. 이삭의 탄생은 아브라함의 가족에게 또 하나의 회오리바람이 되고 말았으며 장차 이스마엘과 이삭의 싸움은 걷잡을 수 없게 되었다. 이삭이 태어나자마자 사라의 행동은 돌변했다. 하갈에 대한 시기 질투는 하늘을 찌르는 듯 무자비하게 일어나고 하갈은 사라의 핍박을 피할 길이 없게 되었다.

결국 하갈은 다시 사라의 여종의 신분으로 돌아가지 않을 수 없었다. 사라의 요청대로 아브라함은 하갈과 14살된 이스마엘을 다시 광야에 내보낼 수밖에 없었다. 하나님이 아브라함에게 하갈과 이스마엘을 광야 사막에 내버려두라고 하자 아브라함은 즉시로 그들을 두고 떠나 다시 고향으로 돌아오게 되었다. 하갈은 아브라함이 떠나기 전에 물어보았다. "왜 우리를 여기 광야 사막에 내버려두고 가는 이유가 무엇인가?" 아브라함은 두 번이나 대답을 거절하였다. 하 갈이 다시 "하나님이 그렇게 하라고 하셨습니까?"하고 물으니 아브 라함이 그렇다고 대답했다. 그러자 하갈은 "그러면 하나님이 우리 에게 필요한 모든 것을 제공해 주실 것입니다."라고 하자 아브라함 은 그들을 두고 다시 사라에게 돌아갔다. 하갈은 이스마엘을 덤불 아래에 놔두고 물을 찾아 여기 저기 헤매었다. 물을 얻으려 Safa와 Marwah의 두 동네를 일곱 번이나 왕복한 후에 그동안 하갈과 이스 마엘이 이용하던 대상(Caravan)까지도 팔아 물과 교환하려 했다. 그 러나 사막에서 물을 찾을 수가 없었다. 거기다 태양빛이 너무 뜨거 워 견딜 수가 없었다. 하갈은 이스마엘이 물을 먹지 못해 목말라 죽 는 것을 볼 수가 없었다. 그는 조금 떨어진 곳에서 슬피 울기 시작했 다. 드디어 하나님은 하갈의 애타서 울부짖는 소리를 듣고 천사를 보내어 하갈을 위로했다. "두려워 말라, 하나님은 이스마엘의 울음 소리를 들었노라. 그 아이를 손으로 잡아 일으키라. 내가 이스마엘 의 자손을 통해서 큰 민족을 이루리라."(창 21:17-18) 하나님은 하갈 의 눈을 뜨게 하여 물이 있는 것을 보게 하고 아이에게 가져다주었 다. 하나님의 긍휼로 하갈과 이스마엘은 생존하게 되었다. 하나님은 항상 절망 가운데서 기적을 일으키는 분이시다.

이슬람교 코란에 의하면 하갈은 재혼하지 않고 아들과 광야에서 살았는데 이스마엘은 훌륭한 사냥꾼이 되어서 어머니를 보살폈다.

하갈이 비록 아브라함으로부터 멀리 떨어져 살았으나 아브라함에 대한 충성은 변치 않았다. 이삭은 어머니가 죽은 다음에 하갈을 다시 아버지의 아내로서 아브라함에게 돌려보냈다. Oral Torah는 하갈을 ‘Keturah’라고 이름을 고쳤는데 그 뜻은 ‘아브라함에게 매였다’는 의미를 갖고 있다. ‘아브라함의 장식품’이라는 뜻도 동시에 가지고 있다. Keturah는 그 후 아들 여섯을 낳았지만 그 어느 누구도 이스마엘에 비교될 아들은 없었다.

Midrash에 의하면 그 후 이스마엘도 참회하고 아버지에게 돌아오게 되었다. 아브라함도 광야에서 사냥꾼으로 내버려두었던 아들을 반가이 맞아들였고 장차 이스마엘이 열국의 조상이 될 것을 기뻐하고 자기의 아들임을 자랑했다고 전한다. 코란에 의하면 하갈은 이슬람교 창시자인 모하메드의 조상이 되고 하갈을 통하여 많은 기적이 일어났다고 전한다. 그러나 창세기나 Midrash는 이에 대하여 전혀 언급이 없다. 하갈은 또한 겸손하고 경건한 여자로 묘사되었다. 이 하갈의 story를 통해서 배울 점은 절망 속에 있을 때 하나님이 역사하시고 또한 항상 세미한 음성으로 우리들에게 속삭여 주신다는 것이다. 하나님은 우리 곁을 떠나지 않고 우리 가운데 오셔서 어려움이 생겨날 때마다 신비스럽게 해결해 주신다는 것이다. 하갈이 고통당할 때 하나님은 그의 울부짖음을 들었다는 것이다.

구약의 진보학자들은 이스라엘 백성이 이집트에서 430년 동안 종살이를 하게 된 원인은 아브라함시대 때에 하갈과 이스마엘을 너무나 학대한 때문이라고 주장한다. 보수적인 구약학자들은 하갈과 Keturah가 같은 사람이 아니고 두 여인이었을 것이라고 보고 있다(역상 1:31). 사도바울은 사라와 하갈을 두 가지 면에서 보고 있다. 사라는 율법적으로 아브라함과 맺어졌고 이삭을 상속자라고 본다면 하갈은 오히려 하나님의 은혜와 긍휼 속에서 맺어진 것으로 본다.

결국은 하나님은 이삭의 후손과 이스마엘을 동시에 축복하는 하나님으로 어느 한 민족의 하나님이 되지 않고 모든 민족의 하나님이시라고 주장한다.

성 어거스틴은 하갈을 '지상의 도시'로 상징한다. 다시 말해서 지상의 도시라는 개념은 죄악이 가득 찬 도시라는 뜻으로 하나님의 은혜와 긍휼로 죄 사함을 받고 용서함을 받게 된다는 뜻이다.

어거스틴의 논리는 후에 가톨릭의 사상과 신학을 집대성한 중세시대의 토마스 아퀴나스와 종교개혁의 발판을 놓은 중세시대의 영국의 John Wycliffe에 의해서 구체적으로 재정립이 되었다. Wycliffe은 더 나아가서 사라는 율법적으로 구속된 자(Redeemed)요 하갈은 불구속된 자(Unredeemed)라고 구분하며 불구속된 하갈은 본래 죄성을 가지고 태어난 자의 상징이라고 보고 있다.

코란에 의하면 하갈은 사라와 달리 아랍식의 이름을 가졌다고 한다.

이슬람교의 전통에 의하면 하갈은 가장 존경받는 여인으로 묘사되고 있다. 이집트 여인으로 Ibrahim의 아내로 특히 일신교로 불리워지는 이슬람교의 어머니로 추앙되었다. 모하메드는 하갈의 자손으로 하갈을 숭배하였다. 현대 이슬람교의 학자들은 하갈에 대한 코란의 해석과 달리 하갈은 사라의 여종이 아니었고 이집트 바로왕의 딸로 스스로 아브라함을 만나 결혼하게 되었다고 주장한다. 하갈과 이스마엘은 아브라함에 의해서 광야에 쫓겨난 것이 아니라 전능하신 Allah신에 의해 Paran에 거주했다고 기록하고 있다.

코란 경전에 사라와 하갈에 대하여 많이 언급되어 있으나 실제로 사라와 하갈의 이름은 사용되지 않았다. 아브라함은 죽기 전에 이스마엘과 다른 아들들에게 선물을 주고 이삭으로 부터 먼 곳에 머물러 살도록 하였다.

아브라함의 율법적 상속자 이삭

이스라엘의 족장들인 아브라함, 이삭 그리고 야곱 중에 이삭은 두 족장에 비해서 별로 관심이 적었던 족장이었다. 구약성경에도 아브라함과 야곱에 대한 story는 많이 기록되어 있으나 이삭은 희생의 제물의 대상자로만 주로 알려져 있다. 현대에 들어와서도 유대인들 가운데 이삭의 이름을 가진 사람은 많지 않으나 아브라함과 야곱의 이름을 가진 사람이 대부분이고 또한 가장 인기 있는 이름들로 알려져 있다. 그 이유 중에 하나로 이삭은 항상 이스마엘과의 분쟁의 대상으로 알려져 있어 이스마엘을 싫어하는 유대인들도 이삭과의 관계를 별로 원치 않는 것 같다. 더욱이 비유대인들 가운데 이삭(Isaac)의 이름을 가진 사람은 아주 드물다. 이삭은 아브라함과 사라의 아들이요 야곱의 아버지이고 이스라엘의 열두 지파의 할아버지이다. 그러나 하나님은 아브라함과 사라에게 이삭을 통해서 그의 언약을 지킬 것을 약속하였다. 하나님은 족장들 중에 아브라함(아브람-아브라함)이나 야곱(야곱-이스라엘)의 이름을 바꾸어 주었는데 이삭에게는 이름을 한 번도 바꾸지 않고 그대로 간직하게 했다. 그리고 이삭은 가나안을 떠난 적이 없다. 이삭은 족장들 중에 가장 오래 살았는데 180세에 죽었다. 아브라함은 175세(창 25:7)에 죽었고 이삭은 180세(창 35:28)에, 그리고 야곱은 147세(창 47:28)에 죽었다.

아브라함은 이삭이 낳은 지 8일 만에 할례를 주었는데 그 이후로는 이삭을 시작으로 유대인들은 율법적으로 할례를 받아야 할 의무를 가지게 되었다. 이것은 하나님과의 언약이기 때문이다. 이삭의 나이가 40이 되기 전에 아브라함은 그의 청지기인 Eliezer을 메소포타미아에 보내 리브가를 이삭의 아내로 맞이하도록 하였다. 리브가는 Aramean(중동의 셈 족속에 속함) 족속의 사람으로 이삭에게 시집을 왔으나 사라처럼 임신을 하지 못해 고생을 하다가 이삭이 60살이 되던 해에 드디어 쌍둥이 에서(Esau)와 야곱(Jacob)을 얻게 되었다. 이삭은 아버지 아브라함과 달리 첩을 얻은 적이 없었다고 Oral Torah는 기록하고 있다. 신기한 일은 전에 아버지 아브라함 때처럼 이삭의 고향에 기근과 흉년이 들어서 할 수 없이 아비멜렉왕이 통치하는 블레셋 땅으로 잠시 이동하게 되었다. 여기서도 아버지 아브라함과 똑같이 리브가를 아내가 아니고 누이라고 거짓말을 하게 되었다. 그 후 이삭은 아비멜렉왕과 좋은 관계를 맺고 아비멜렉왕으로부터 우물 파는 사업을 물려받아 이에 열중하게 되었다. 사막 땅에서 우물을 판다는 것은 쉬운 일이 아니었다. 돌이켜보면 아브라함은 헤브론 마므레 상수리 숲 자기 장막에서 조용히 약속의 한 해를 "이삭을 낳겠다"하고 기다리고 있었더라면 좋을 뻔했다. 그러나 아브라함은 참고 기다리지 못했다. 아브라함이 살고 있는 가나안 땅은 하나님으로부터 약속 받은 땅이요, 축복의 땅이었다. 거기서 그는 이미 20여 년을 살았다. 그러나 그는 하나님과 교통하던 땅을 등지고 남으로 내려가 그랄이라는 이방 땅에 거처를 잡았다. 그 결과 하나님 앞에서와 인간들 앞에서 아브라함은 또 실수를 했다. 첫째, 인내치 못했다는 것이다. 창 15-16장을 읽어 보면 15장에서 분명히 후사의 허락을 받았는데, 그는 16장에서 보면 하갈을 취하여 후사를 얻겠다는 인위의 방도를 취했다. 그는 하나님의 뜻을 기다리지 못하고 자기 방법대로 행했다는 것이다. 그러나 진실로 신앙의 성과를 보기까지는 인내가 있어야 한다. 둘째, 이방에 내려간 것이었다. 아브라함이 내려간 그랄은 당시 블레셋 나라의 수도였고 하나님이 허락하신 땅이 아니었다. 이방 땅에 간 이들은 다 무수한 고생을 했다. 룻의 시어머니인 나오미, 대사사인 삼손이 그랬다. 하나님을 멀리 떠난 사람들은 항상 어려움을 겪으며 고생을 하였던 것이다. 따라서 성도들은 자신의 생각대로 하나님을 멀리 떠나서는 안 되고 항상 주 안에서 살아야 할 것이다. 셋째, 사람을 두려워한 것이다. 아브라함이 이런 거짓말을 하게 된 것은 사람을 두려워하였기 때문이다. 이처럼 하나님보다 더 사람을 두려워함은 온갖 실패의 원인이 된다. 그의 아내를 누이라고 속인 것은 사람이 두려워서였다. 그 아내 사라를 자기 누이라 하였으므로 그랄 왕 아비멜렉이 보내어 사라를 취하였더니 라고 했다.

여기 그랄 왕 '아비멜렉'은 '왕은 나의 아버지', 또는 '왕의 아버지'라는 뜻이다. 아비멜렉은 방랑의 유목생활을 청산한 후 그랄에 살고 있던 원주민을 몰아내고 그곳을 보금자리로 하여 전쟁을 좋아하는 왕이었다. 아브라함은 아비멜렉을 두려워했다. 그는 하나님께서 항상 그와 동행하신다는 것을 잊었다. 사랑하는 아내 사라를 지켜주시는 하나님을 망각했을 때 그는 용기를 상실했다. 아브라함은 30년 전 애굽으로 내려갔을 때 했던 거짓 술책을 재연했다. 믿음의 조상 아브라함일지라도 순간적으로 심령의 눈이 어두워질 때 그 영혼이

방황하게 됨을 알 수 있다. 마음이 하나님을 떠날 때 곧 실수가 따랐다.

창세기에 자기 아내를 누이라 한 사건이 세 번 나온다. (1) 아브라함이 애굽에 내려갔을 때(창 12:13). (2) 아브라함이 그랄에 우거할 때(창 20:2). (3) 이삭이 그랄에 거하였을 때(창 26:7)였다. 아브라함의 실수는 그의 아들 이삭에게까지 물려준 것을 볼 수 있다. "또 그는 실로 나의 이복누이로서 내 처가 되었음이라"고 한 기사를 보니 사라는 아브라함의 이복누이인 것은 사실이다. 그러나 지금 사라는 그의 아내이다. 그는 남편으로서 아내의 정조를 보호할 책임이 있다. 그러하거늘 아내를 보호하지 아니했던 것이다. 사라는 이복누이이지만 이런 구실로 아내의 안전을 포기했다면 비겁 이외에 아무 것도 아니다. 말을 하다가 보면 본래 목적과 동기에서 벗어날 때가 있다. 이것은 일견 거짓말로 간주되나 실제로는 거짓말이 아니다. 반면 아브라함의 경우 남을 오판하도록 하기 위해 사실의 일면을 숨긴다는 것은 고의적 범죄라고 아니할 수 없다.

사람을 두려워한 아브라함은 씻을 수 없는 실수를 한 것이다. 이처럼 사람을 두려워하면 반드시 실수를 범하게 된다. 아브라함은 자신의 생명을 보존코자 한 거짓말로 자기 아내 사라를 영영히 아비멜렉에게 빼앗길 위기에 처하게 되었다. 그러나 하나님께서 회복시켜 주었다.

아비멜렉은 꿈속에서 하나님의 경고를 들었다. "네가 취한 여인으로 인하여 네가 죽으리니 그가 남의 아내임이니라”라고 했다. 이 일로 인하여 그랄 왕과 그의 아내와 여종들에게 질병이 내렸다. 아비멜렉은 사라를 데려갔으나 그를 가까이 하지 않지 않았다. 가까이 하기 전에 하나님은 그 일을 방지하신 것이다. 아비멜렉이 결백하고 의로워서 사라의 순결이 보존된 것은 아니다. 다만 하나님께서 아비멜렉에게 질병을 주어서 범죄를 방피했던 것뿐이다. “이제 그 사람의 아내를 돌려보내라. 그는 선지자라 그가 너를 위하여 기도하리니 네가 살려니와 돌려보내지 않으면 너와 네게 속한 자가 정녕 죽으리라”고 했다. “아내를 돌려보내라” 하신 말씀은 “본래대로 회복시켜라”고 하신 말씀이다.

하나님의 친구 아브라함은 큰 실수를 저질러 놓았으나 하나님은 아비멜렉에게 아브라함은 그 신분이 높다는 것을 알려 주었다. 아브라함의 실패는 이중적이었다. 개인적 불신앙으로 인한 실수요, 이교도들 앞에서 망신이었으나 하나님은 이를 통해 은혜와 자비를 베풀어주신 것이다. 하나님은 그의 선지자들을 끝까지 책임지고 보호하시는 분임을 나타낸 것이다. 미리암은 많은 사람들 앞에서 모세를 비방할 때 하나님은 “모세는 지면에 모든 사람보다 온유하다”고 변호하시고, 미리암에게는 저주의 문둥병을 앓게 하셨다(민 12:1-10).

역대하 26:16-23에 웃시야 왕이 교만하여 성전에서 분향하려 들었었다. 그때 제사장 사가랴가 80명의 제사장들을 데리고 와서 “왕이여 범죄하였으니 여호와께 영광을 얻지 못함이라”고 제지했다.

그런데 웃시야 왕은 이에 대하여 제사장 앞에서 노를 발하다가 문둥병이 되었다. 이처럼 하나님은 언제든지 자기 선지자 편에 서시고 자기가 보낸 사자를 보호하신다. 그리고 하나님은 자기 선지자의 기도를 들어주신다. 하나님은 모세의 기도를 들으시고 미리암을 치료하셨고, 욥의 기도를 들으시고 세 친구를 치료해 주셨으며, 아브라함의 기도를 들으시고 아비멜렉과 그 식구들을 치료해 주셨다. 하나님은 항상 자기의 사람을 인도하고 보호하시는 분이심을 알게 해 주셨다.

아비멜렉이 아브라함을 후대하였다. 아비멜렉은 꿈속에서 하나님의 책망을 듣고 아침에 일어나 아브라함을 책망했다. 9절에 "네가 어찌하여 나와 내 나라로 큰 죄에 빠질 뻔하게 하였느냐. 네가 합당치 않은 일을 행하였도다."라고 했다. 아비멜렉은 자신은 무죄하고 모든 허물의 책임은 아브라함에게 있다고 돌렸다. 하나님의 존귀한 선지자가 이방 왕 앞에서 이런 문책과 힐문을 당했으니 수치며 추태였다. 책임 추궁을 당연히 받을 만하게 되었다. 하나님의 선지자가 이방인에게 책망을 받는 것과 같이 오늘날 하나님의 자녀들이 불신자들에게 부끄러운 질책을 당하고 있지 않는가. 아비멜렉은 사라를 아브라함에게 돌려보냈다. 그리고 풍부한 선물로 후대했다.

아비멜렉은 명예훼손에 대한 보상을 했다. 그는 하나님의 선지자에게 바칠 도리를 다했다. 그러나 하나님보다 더 사람을 두려워하게 되면 항상 실수를 하고 죄를 범하기 쉽다. 따라서 우리들도 항상 하나님 앞에 서서 경외하는 마음으로 살아야 하겠다.

　아브람함뿐 아니라 사라 그리고 하갈의 몇 가지 실수한 점을 좀 더 분석하면 다음과 같다.

　첫째, 아브람의 무책임과 묵인이다. 아브람은 원래 그런 사람이 아니라고 믿었는데, 그러나 무책임한 행동을 한 것이다. 그는 사래의 말을 듣고, 하나님께 묻지도 않고, 결정을 내린 게 문제가 될 수 있다. 너무 오랫동안 자식이 없으니, 아브람도 인간인지라 마음이 흔들렸던 가능성이 많다. 또 한편 자신도 남자에 불과하기에, 아내의 권면을 선뜻 받아들였던 것일는지도 모른다. 아니면 다른 이유에서였을까? 어쨌든 집안에서 일어난, 자신과 아내와 자식에 관련하여 일어난 일을 아내 사래의 타오르는 분노에 맡겨 버린 것은 좋아 보이지 않았다.

　하갈의 교만 방자한 모습이나, 사래의 학대를 묵인하는 모습도 문제였다. 언뜻 보아도 심각한 상황임을 알 수 있다. 아브람은 하나님의 약속을 믿었기 때문에 어쩌면, 하나님이 다른 방법으로 자식을 주시려는 것이라고 생각했을 수도 있다. 종은 주인을 깔보고, 주인은 자식을 낳아준 종을 학대하고, 아브람은 그것을 묵인하고 심지어 그 일로 하갈이 도망치는 것을 보고서도 아무런 조치를 취하지 않았던 것도 문제다. 아브라함이 하나님이 하신 약속의 의미를 정확히 몰랐다면 그것에 대해서도 여쭙는 것이 맞지 않았을까 생각이 들기

도 한다. 성경은 아브람의 연약한 부분, 믿음의 어머니 사래의 질투
와 분노, 그 집안사람 하갈의 어리석은 교만을 모두 보여주셨다. 아
브라함도, 사래도 그리고 하갈도 모두 인간적인 생각에서 행동했을
뿐이다.

둘째, 주님의 천사의 등장을 눈여겨 볼 필요가 있다. 하갈은 이집
트 사람이고, 하나님의 뜻에 따라 임신을 하게 된 게 아니다. 다시
말해, 그냥 내버려둬도 될 것 같은 상황에 주님의 천사가 나타났다.
그리고 하갈을 만나 도움을 주었다. 주님의 천사는 하갈에게 이렇게
물어보았다. "사래의 종 하갈아, 네가 어디서 와서, 어디로 가는 길
이냐?" 여기서는 하갈에 대한 명칭이 중요하다. "사래의 종 하갈아"
이다. 하갈이 사래의 종이라면, 사래를 떠나서는 안 되었다. 천사는
하갈에게 가야 할 곳과 해야 할 일을 가르쳐주었다. 먼저 하갈은 사
래에게 돌아가야 했다. 그리고 그곳에서 순종하며 기다려야 했다.

셋째, 이스마엘의 출현이다. 어려운 과정을 이겨낸 끝에 이스마엘
이 태어나게 되었다. 그는 장차 큰 민족의 조상이 될 것이고 그리고
앞으로 아브람의 아들로서의 살아가게 될 것이 분명하다. 그래서 이
스마엘에게도 할례를 주었으나 불행하게도 이삭과는 달리 하나님의
언약 속에 있지는 않았다. 이스마엘이 언약에서는 배제되었지만 이
스마엘은 물론 그의 자손이 창대할 것이라는 축복도 동시에 주셨다.

지금까지의 내용을 분석해 볼 때 우리는 아브람과 사래가 하나님에 대한 믿음을 잃었을 때, 어떤 일이 일어나는지를 확인할 수 있었다. 가정이 깨지고, 하마터면 어렵게 낳은 아들 이스마엘이 광야에서 죽을 위기에 처하기도 했다. 아브람은 하갈을 애써 무시했고, 사래는 하갈이 도피해야 할 만큼 잔인하게 그를 괴롭혔다. 마찬가지로 하갈도 사래를 조롱하고 무시했다. 하갈이 사래를 피해 광야로 도망쳤지만 그곳에는 자신을 도울 것이 아무것도 없었다. 오직 고통과 죽음, 배고픔과 절망이 존재하는 곳이 광야였다. 다행이 그곳에서 주님의 천사를 만나게 되었다. 하나님은 광야에서 굶거나, 목마르거나, 사나운 짐승에게 쫓겨 죽임을 당할 위기에 처한 하갈에게 갈 길을 보여주셨다. 그리고 하갈이 지금 해야 할 일도 알려 주셨다. 하갈은 그것을 경험했다. 하갈은 살길을 얻었다. 다시 사래에게 돌아가 복종하며, 하나님이 주신 약속을 생각하며, 모든 고난을 이겨내게 되었다.

마지막으로, 주님의 천사가 나타나 아브람 가정의 문제는 일시로 해결된 것 같지만 대를 이어갈 자식 문제는 여전히 묵묵부답이었다. 아브람이 이스마엘을 얻었을 때 나이가 86세였다고 기록되어 있다. 아브람과 사래, 하갈의 문제는 모두 '기다림'과 관련되어 있다. 더 이상 기다릴 수 없었고, 자기 방법으로 해결하려는 노력이 있었다. 다시 말해서 아브람과 사래 그리고 하갈 어느 누구도 인내심이 부족한 것은 사실이었다.

아브라함에게 내린 하나님의 축복

아브라함

제2장 아브라함에게 내린 하나님의 축복

하나님은 그의 언약을 통해서 아브라함에게 많은 축복을 허락하셨다. 아브라함에 대한 축복 언약의 시작은 갈대아 우르에 살고 있던 아브라함에게 내리셨는데 그때 아브라함은 아버지 데라와는 달리 우상숭배를 하지 않도록 하기 위해서 고향을 무조건 떠나라고 명하셨다. 여호와께서 "너는 너의 고향과 친척과 아버지의 집을 떠나 내가 네게 보여 줄 땅으로 가라"(창 12:1)라는 명령이다. 갈 바를 알지 못하고 출발하는 아브라함에게 대단한 믿음의 결단이 요구되었다. 하나님의 명령은 구체적인 축복의 약속들과 함께 그에게 주어졌다. 창세기 12장 1-9절에는 '복'의 동사형/명사형이 5회나 등장한다. 이는 인간의 타락 이후에 하나님께서 선언한 5회의 '저주'를 돌이키기 위한 하나님의 섬세한 배려이다. 인간의 타락으로 말미암아 반복된 저주가 이들에게 선포되었으나, 이제 아브라함을 부르시면서 그를 통하여 하나님께서 원래 인간에게 약속하신 복을 회복하시고자 하는 의도를 분명히 읽을 수 있다. 아브라함에게 약속된 복은 창세기 1장 28절에 약속된 "생육하고 번성하여 땅에 충만하라"라는 하나님의 복과 홍수 이후에 노아에게 다시금 약속하신 동일한 복(창 9:1)의 연속선상에 있다. 하나님은 아브라함을 통하여 인간의 타락 이전에 약속하신 복을 회복하시길 원하시는 의도를 읽을 수 있다.

하나님은 아브라함에게 네 가지의 축복을 주었다. 내가 너로 큰 민족을 이루고 네게 복을 주어 네 이름을 창대하게 하리니 너는 복이 될지라. 너를 축복하는 자에게는 내가 복을 내리고 너를 저주하는 자에게는 내가 저주하리니 땅의 모든 족속이 너로 말미암아 복을 얻을 것이라. 내가 이 땅을 네 자손에게 주리라.

이 복들을 요약하면, 네 가지로 요약할 수 있겠다. (1) 큰 민족의 복 (2) 이름이 창대케 되는 복 (3) 모든 민족의 복의 통로가 되는 복 (4) 땅의 복 등이다. 이 복들은 당시 고대 근동의 왕들이 관심을 가져오던 것들이기도 하다.

첫째로 큰 민족을 이루는 복이다. 특히 큰 민족과 명성과 큰 땅은 고대의 왕들이 바라던 희망들이었다. '큰 민족'에 대한 복은 아브라함(창 17:16), 이삭(창 25:23), 야곱(창 46:3)과 같은 언약 안에 있는 족장들뿐만 아니라 이스마엘(창 21:13, 18)에게도 약속되었다.

둘째로 자손에 대한 복이다. 큰 민족의 복이 의미하는 것은 결국

'많은 자손'의 복을 의미한다. 하나님은 족장들에게 자손이 하늘의 별과 같이 많게 하겠다고 약속하셨고(창 15:5; 26:4), 바닷가의 모래처럼 많게 하겠다고 약속하셨고(22:17; 32:12), 땅의 티끌처럼 많게 하겠다고 약속하셨다(13:16; 28:14). 적어도 창세기에서 강조하는 바는 '민족'이라는 말보다는 '자손'을 강조하는 것이 분명하고, 구속사의 발전에서도 '자손'에 더욱 강조점이 있음을 알 수 있다(갈 3:16, 19, 29; 히 2:16; 11:18). 큰 민족의 복과는 달리 많은 자손의 복은 언약 밖에 있는 사람들에게는 사용된 적이 별로 없고, 주로 언약 속에 있는 자손들에게 사용되었다(창 13:16; 15:5; 26:4, 24; 28:14).

아브라함에게 내려지는 언약 중에 '자손'을 얻는데 가장 초점이 맞추어져 있다고 해도 과언이 아니다. 아브라함의 믿음의 테스트는 일차적으로 죽은 것 같은 자신의 몸과 사라의 몸에서 과연 약속의 자손이 태어날 수 있는가를 믿는 믿음을 시험하는 것이었다. 아브라함은 몇 번의 큰 실수를 통과한 이후에 약속의 자손을 얻게 되었다. 창세기 15장에 따르면 아브라함은 하나님의 약속을 믿지 못하여 자신의 종 엘리에셀(2절)이 상속자가 될 것이라고 믿음 없는 소리를 한다. 그러나 하나님은 아브라함을 격려하시면서 "네 몸에서 날 자가 네 상속자가 되리라"(4절)고 거듭 확증해 주셨고, 그의 믿음을 공고히 하기 위해서 하늘의 뭇별을 보이면서 네 자손이 이와 같이 많으리라고 약속해 주셨다(5절). 아브라함이 가나안 땅으로 이주해 온 지 약 10년이 지난 시점에 이번에는 자신의 아내 사라의 불신앙으로 인해 아브라함은 그의 첩 하갈을 아내로 맞아 이스마엘을 낳게 된다(창 16장). 이스마엘을 낳은 것은 아브라함의 큰 불신앙의 노출이었다. 하나님은 결국 하갈과 이스마엘을 내쫓으라고 명하신다(창 21:9-12). 아브라함이 하나님의 부르심을 받고 25년간의 인내의 세월이 흐른 후, 그의 나이가 100세가 된 때에 그의 믿음은 견고하게 되었고, 하나님은 약속의 자손 이삭을 주셨다(창 21:2-5). 아브라함이 이삭 외에도 하갈을 통해서 이스마엘을 낳았고, 사라가 죽은 후에 후처 그두라를 맞아 6명의 아들을 두었다(창 25:1-2). 그러나 다행일까 아니면 불행일까 알 수는 없지마는 아브라함 언약의 중요한 점은 언약의 복이 약속의 씨인 이삭에게 제한되었다는 사실이다. 자손에 대한 아브라함 언약의 복은 후일 오직 약속의 자손들에게만 전수되었다. 이 때문에 아브라함 언약에 약속된 자손의 복은 오직 약속의 자녀인 이삭(창 26:2-4)과 야곱(창 28:13-14)과 야곱의 열둘 아들(창 48:19)에게 제한되어서 나타난다.

자손에 대한 복의 성취는 처음에는 너무나 천천히 성취되어 마치 영원히 이루어지지 않을 것처럼 보인다. 아브라함은 부름을 받고 25년이 지난 후에 단 한 명의 약속의 자녀를 얻었고, 이삭은 결혼하고 20년을 기다린 후에 2명의 아들을 낳았지만, 그중에 약속의 자녀는 야곱 하나였다. 그러나 야곱 대에 이르러서는 언약 자손은 기하급수적으로 팽창하게 된다. 야곱은 열둘 아들을 낳았고, 그가 후일 애굽 땅으로 내려갈 때는 70명이 이주하게 된다(창 46:27). 이는

400여 년이 지난 후에 수백만으로 급성장하게 된다.

　결과적으로 자손에 대한 축복 즉 하늘의 별과 땅의 모래와 같이 번성한다는 것은 커다란 맥락에서 볼 때 현재의 아브라함 자손이 1,200만 명에서 그치는 것이 아니라 영적으로 아브라함을 조상으로 삼는 가톨릭을 합친 기독교인들을 포함하면 아브라함 자손은 무려 22억이 더 되어 하나님의 약속 그대로 아브라함의 자손이 창대하리라는 언약은 성취된 것이다. 더 나아가서 주님의 지상명령인 땅 끝까지 이르러 복음이 전파되면 아브라함의 영적 자손은 더 증가하게 될 것이다. 다시 말해서 하나님이 언약한 약속은 반드시 실천된다는 것을 믿음으로 깨닫게 된다.

　셋째로 땅에 대한 축복이다. 땅의 복도 하나님께서 아브라함에게 약속하신 중요한 복중에 하나이다. 하나님께서 아브라함을 부르신 것은 하나님께서 지시하실 땅으로 이주하도록 부르신 부름이었다(창 12:1; "내가 네게 보여 줄 땅으로 가라"). 아브라함의 언약 속에는 땅의 복에 대한 구체적인 언급이 있다. "내가 이 땅을 네 자손에게 주리라"(창 12:7a). 창세기 12장 1-9절에 따르면 아브라함은 "가나안 땅"(5절)으로 들어갔고, 그 이후에 "세겜 땅 모레 상수리나무"(6절)에 이르게 되었고, 그 다음에 벧엘(8절)에 진을 쳤고, 남방 네게브 지역(9절)까지 이주하였다. 이 아브라함의 이주 경로는 가나안 땅으로서 나중에 이스라엘 민족이 정복하게 될 바로 그 땅이었다. 자손의 복과 마찬가지로 하나님은 아브라함에게 땅의 복을 반복해서 약속하셨다(창 13:15; 15:18). 땅의 복은 후일 족장들에게 언약을 갱신할 때마다 다시금 등장한다. 이삭에게 약속하셨고(창 26:3), 야곱에게도 반복해서 약속하셨고(창 28:4, 13-14; 35:12), 요셉은 약속의 땅을 바라보면서 출애굽 시에 자신의 유골을 메고 올라가도록 명한다(창 50:25).

땅의 복의 성취 속도도 너무나 느리다. 아브라함의 생존 시에 가나안 땅을 전부 차지하기는커녕, 그는 겨우 죽은 아내를 매장하기 위해서 헷 족속에게서 산 막벨라 밭과 그에 속한 굴이 그가 차지한 땅의 전부였다(창 23:17-20; 25:9-10). 이삭도 일생 동안 얻은 땅이라고는 별로 없다. 그는 후일 블레셋의 영토가 된 그랄 땅에 오랫동안 거주하였고(창 26장), 노년에는 헤브론에 거주하다가 임종하였다(창 35:27). 이삭과 리브가가 죽게 되었을 때, 차지한 땅은 막벨라의 굴이 전부였다(창 49:30-31). 야곱도 밧단 아람에서 돌아와서 세겜에서 산 밭에서 거주하다가 딸 디나가 강간당하는 불행을 당했고(창 34장), 그 이후에 그가 단을 쌓았던 벧엘로, 이어서 베들레헴으로, 나중에는 조부 아브라함과 아버지 이삭이 살았던 헤브론에 거주하게 된다(창 35장). 야곱도 죽은 후에 그의 유해가 운구되어 "마므레 앞 막벨라 밭 굴"에 장사되었다(창 50:13).

아브라함뿐만 아니라 이삭과 야곱도 임종 시까지 약속의 땅을 차지하지 못하고 하나의 약속으로 바라보고 죽었다. 그들이 차지한 땅은 단지 막벨라의 무덤이 전부였다. "네가 밟는 땅을 주리라"는 하나님의 약속은 이들이 죽을 때까지 성취되지 않은 약속이었다. 400여 년이 지난 후에 여호수아의 영도 아래 가나안 땅을 정복함으로써 성취를 보게 된다.

넷째로 모든 민족의 복의 통로가 되는 복이다. 하나님께서 아브라함에게 약속하신 네 번째 복은 아브라함과 그의 후손이 모든 민족의 복의 통로가 되는 복이다(창 12:3).

창세기 12장 3절에 "너를 멸시하는 자에게는 내가 저주하리니"라는 뜻이다. 이는 저주하는 자에게 저주하는 것보다 한 층 의미가 강화된 뜻이다. 아브라함을 멸시하는 사람이라도 저주를 받으리라는 뜻이다.

첫 두 행은 대구법을 이루고 있기 때문에 "너를 축복하는 자에게는 내가 복을 내리고"라는 말에 이어서 "너를 멸시하는 자에게는 내가 저주하리니"라는 반의적 대구법과 교차 대구법을 사용함으로써 앞의 의미를 한층 강화하고 있다. 세 번째 행에서 중요한 말은 "너로 말미암아"라는 말이다. 이는 바로 아브라함이 복의 통로가 될 것을 의미한다. 첫 두 행에서 축복하고 저주하는 행위의 주체가 여호와 하나님이시기 때문에 세 번째 행에서도 행위의 주체는 여전히 하나님이시므로 아브라함이 복의 통로가 된다는 의미가 타당하다고 본

다. 이런 관점에서 창세기 12장 2절의 마지막 문장을 개역판이 "너
는 복의 근원이 될지라"라고 번역하고 있는데 개역개정판은 "너는
복이 될지라"라는 말이 더욱 타당하다고 본다. 3절의 맥락에서 본다
면 이 구절의 의미는 "너는 복의 통로가 될지라"라는 뜻으로 이해해
도 좋을 것 같다.

하나님은 아브라함에게 3번씩 모든 민족의 복의 통로가 될 것을
약속하셨다(창 12:3; 18:18; 22:18). 복의 통로가 되는 것도 아브라함
복 중의 중요한 요소임이 분명하다. 하나님께서 이삭과 야곱에게도
모든 민족의 복의 통로가 되리라는 동일한 약속을 재확인시켜 주셨
다(창 26:4; 28:14).

아브라함에게 모든 민족의 복의 통로가 될 것을 약속하셨지만, 아
브라함의 일생을 보면 그는 단지 헷 족속들에게 복의 통로가 된 정
도이다(창 23장). 부정적인 측면에서 아브라함은 거짓말로 인하여
바로(창 12:11-20)와 아비멜렉(창 20:1-18)에게 저주의 통로가 될 뻔
도 했지만, 하나님의 보호하심으로 화를 모면하게 되었다. 영적으로
미성숙한 아브라함은 복의 통로가 되기는커녕 저주의 통로가 될 뻔
했다. 아비멜렉은 여호와께서 이삭과 함께하시고 복 주심(창 26:28-
31)을 보았으나, 이삭의 거짓말로 인하여 아비멜렉에게 저주의 통
로가 될 뻔했다(창 26:1-11). 야곱은 외삼촌 라반의 집에서 20년간
거하면서 그의 집의 복의 통로가 되었다(창 30:27-30). 그러나 야곱
의 자손들은 디나의 강간 사건으로 인해 추장 세겜과 그가 속한 성

의 사람들에게 저주의 통로가 되었다(창 34장). 가나안 부족연합의 협공을 받을 상황이었지만, 벧엘로 올라간 야곱이 제단을 쌓고 하나님께 예배를 드림으로 말미암아 멸절의 위기를 모면하게 되었다(창 35:1-5). 야곱의 자녀 중에 요셉은 애굽 사람들에게 큰 복의 통로가 되었다. 바로의 꿈 해석을 통하여 7년간의 흉년을 대비함으로 말미암아 애굽 사람들뿐만 아니라 주변 국가들도 기근을 모면하게 되었다(창 41:30-42:5). 요셉을 통하여 야곱은 애굽 땅으로 내려가게 되었고, 바로를 축복함으로써 그는 이방 왕에게 복의 통로가 되었다(창 47:7).

다음으로 아브라함의 이름이 창대케 되는 복이다. 아브라함의 이름이 창대케 되는 복은 창세기 11장에 바벨탑을 건설하면서 스스로 이름을 내려고 했던 사람들의 모습과 대조된 모습이다(창 11:4). 하나님께 도전하며 스스로 이름을 내려고 했던 그들은 완전히 흩어 버리시고 무명하게 하셨지만, 하나님의 부르심에 순종하여 하란 땅을 떠난 아브라함에게는 그의 이름이 창대케 되는 복을 약속해 주셨다(창 12:2). 한 가지 특이한 점은 이름에 복을 주시되 이들의 옛 이름을 바꾸셔서 복을 주셨다. 아브람은 아브라함(창 17:5)으로 사래는 사라(창 17:15)로 야곱은 이스라엘(창 32:28; 35:10)로 바꾸셔서 이름에 복을 주셨다. 야곱은 요셉의 두 아들 므낫세와 에브라임을 축복하면서 이들이 조부 아브라함의 이름과 부친 이삭의 이름과 자신의 이름으로 칭함을 받고 번식되기를 기원하였다(창 48:14-16). 창세기 안에서 아브라함, 이삭, 야곱의 이름은 후일 아브라함의 하나님, 이삭의 하나님, 야곱의 하나님으로 불리게 될 기초를 마련하였다(출 3:6, 15; 4:5). 그리고 야곱의 열둘 아들의 이름은 후일 12지파의 이름으로 남게 될 기초를 놓았다(창 49:28; 출 24:4; 28:21). 그러므로 이름이 창대케 되리라는 아브라함 복은 후일 족장들과 야곱의 열두 아들의 이름이 창대케 될 기초를 놓았다고 볼 수 있다.

창세기 속에서 아브라함 복들은 주로 약속의 형태로 주어졌고, 약속들의 성취는 상당히 미미한 수준이었다. 족장들의 위대한 신앙은 이들에게 약속된 복의 성취가 비록 미미하다고 할지라도 이들의 믿음이 흔들리지 않고 하나님을 더욱 의지한 데 있다. 이러한 하나님에 대한 신뢰가 곧 하나님께서 이들을 의롭다고 칭하신 기초가 되었다(창 15:6). 비록 현실적인 성취가 미미함에도 불구하고 흔들리지 않는 아브라함의 믿음을 후일 신약성경은 '이신칭의' 교리의 위대한 모델로 삼게 되었다(롬 4:1-5).

구약 속에 나타난 아브라함 복의 성취

모세오경은 아브라함에게 약속하신 자손의 복이 어떻게 이스라엘 민족에게 문자적으로 성취되는가를 보여주고 있다. 출애굽기 1장은 애굽 땅에 내려간 야곱의 자손 70명이 얼마나 큰 민족으로 성장하게 되었는가를 묘사하고 있다. "이스라엘 자손은 생육하고 불어나 번성하고 매우 강하여 온 땅에 가득하게 되었더라."(출 1:7) 애굽 땅에 요셉을 알지 못하는 새 왕이 일어나 이스라엘 자손들의 수적 성장에 압도되어 이스라엘 백성들을 학대하게 된다(출 1:8-11). 그러나 학대하면 할수록 이스라엘 자손들은 더욱 번성하여 애굽 사람들은 이스라엘 자손으로 말미암아 근심하는 자리에 이르게 된다(출 1:12). 아무리 학대해도 효과가 없자, 급기야 바로는 히브리 산파들에게 남자아이가 태어나면 모두 죽이라고 명한다(출 1:13-16). 그러나 히브리 산파들은 왕명을 어기고 남자아이들을 살려둔다(출 1:17-19). 모세가 이스라엘 백성들을 애굽 땅에서 출애굽 시킬 때의 숫자는 장정만 60만에 이른다(출 12:37). 애굽 땅에 내려간 야곱의 자손 70명은 400여 년이 지난 후에 남자 장정만 60만에 이르렀는데, 남녀노소를 다 합치면 족히 200만이나 되는 대 민족으로 성장하게 되었다. 당시의 숫자를 생각할 때, 아브라함에게 약속하신 큰 민족을 이루게 하겠다는 약속은 400여 년이 지난 후에 문자적으로 성취된 것이다. 그것도 당시에 강국 중에 한 나라인 애굽 사람들이 두려워할 정도로 큰 민족을 이루게 되었다.

광야 40년의 세월이 지난 후에도 이스라엘 백성들의 인구는 크게 변동이 없었다(민 26:51). 그러나 그 이후 오랜 역사가 흐르는 동안 이스라엘 민족의 인구에 대한 언급을 성경에서 거의 찾지 못한다. 그러다가 다윗의 치세가 절정에 이르게 되었을 때, 다윗의 인구조사가 하나님의 능력을 무시하고 인간의 업적을 치하하려는 부정적인 측면에서 시행된다(삼하 24장). 다윗은 요압에게 단에서부터 브엘세바까지 인구를 조사하여 보고하도록 명하였다(2절). 요압이 조사한 인구의 숫자는 "칼을 빼는 담대한 자가 팔십만 명이요 유다 사람이 오십만 명이었더라"(9절)고 밝히고 있다. "칼을 빼는 담대한 자"를 장정으로 이해한다면, 출애굽 당시의 60여만 명에서 130여만 명으로 두 배 이상 증가한 숫자이다. 남녀노소를 모두 합쳐서 계산하면, 아마 500여만 명이 되었으리라고 추정해 본다.

그 다음 솔로몬의 통치 시대에 아브라함 복이 구체적으로 성취된 것을 입증하는 말씀이 나온다. 열왕기상 4장 20절에 "유다와 이스라엘의 인구가 바닷가의 모래같이 많게 되매"라는 말씀이다. "바닷가의 모래"의 이미지는 하나님께서 아브라함에게 자손의 복을 약속하실 때 사용한 이미지이다(창 22:17). 이스라엘 역사상 다윗과 솔로몬 시대가 아브라함에게 약속하신 자손의 복이 문자적으로 성취된 절정기였음이 분명하다.

솔로몬 시대 이후로 북이스라엘과 남 유다로 분열되면서 아브라함의 후손은 쇠퇴의 길을 걷게 된다. 분열 왕국의 계속된 범죄로 말미암아 북이스라엘은 완전히 소멸해 버렸고, 남 유다도 인구가 급격히 줄어들게 될 것을 이사야 선지자는 BC 8세기경에 예언하고 있다. 바벨론에 의해서 남 유다가 멸망당하여 남자의 숫자가 급격히 줄어들게 된 모습을 선지자는 이렇게 묘사하고 있다. "그날에 일곱 여자가 한 남자를 붙잡고 말하기를 우리가 우리 떡을 먹으며 우리 옷을 입으리니 다만 당신의 이름으로 우리를 부르게 하여 우리가 수치를 면하게 하라 하리라."(사 4:1) 이 상황은 아브라함에게 약속하신 자손의 복이 완전히 역전된 황폐한 모습이다. 이때 궁전도 폐허가 되어 "인구 많던 성읍이 적막하며 오벨과 망대가 영원히 굴혈이 되며 들나귀가 즐기는 곳과 양 떼의 초장"(사 32:14)이 되리라고 선지자는 예언한다. 언약 백성의 계속된 범죄의 결과가 어떠함을 이사야 선지자는 분명히 내다보며 예언하고 있다. 유다의 멸망을 목도한 예레미야 선지자도 "너희가 어찌하여 큰 악을 행하여 자기 영혼을 해하며 유다 가운데에서 너희의 남자와 여자와 아이와 젖 먹는 자를 멸절하여 남은 자가 없게 하려느냐"(렘 44:7)고 경고하고 있다. 결국, 남 유다의 멸망으로 팔레스타인 땅은 황폐하게 되었고, 소수의 남은 자가 그 땅을 지키게 되었으며 일부는 바벨론으로 잡혀가게 되었다. 언약 백성이 언약을 어긴 결과는 언약의 복 자체가 거의 무효화되는 결과를 낳게 되었다.

바벨론에 포로로 잡혀갔던 그들은 예레미야 선지자의 예언대로 약 70년(렘 25:11-12; 29:10)의 세월이 흐른 후에 팔레스타인 땅으로 귀환하게 되었는데, 귀환자의 숫자가 대략 5만 명에 불과하다(스 2:64-65). 출애굽 당시의 인구에 비하면 십 분 일도 안 되는 숫자로 줄어들었다. 그러나 우상숭배와 범죄로 이스라엘 백성들이 포로로 잡혀가 모진 연단을 받았지만, 남은 자가 돌아온 것은 전적으로 하나님의 '한결같은 사랑' 때문이었다. 포로 귀환 이후에 비록 이스라엘 백성들이 제2 성전을 건립하고 예배를 회복하였지만, 이들의 정치적, 영적인 형편은 크게 나아진 것이 없었다. 하늘의 별과 같이 많고 바닷가의 모래와 같이 많으리라는 아브라함 자손에 대한 복은 더욱 차원 높은 성취를 위해서 오랜 침묵의 기간을 기다려야 했다.

신약 속에 나타난 아브라함 복의 성취

바벨론 유수로 말미암아 아브라함 언약은 실패한 언약처럼 보이지만, 신약으로 넘어오면서 아브라함의 후손으로 오신 예수 그리스도를 통하여 아브라함 언약이 영적인 의미에서 훨씬 더 차원 높은 성취를 보게 된다. 신약에서 아브라함 자손의 복은 주로 2가지로 해석을 하고 있다.

첫째, 예수 그리스도 자신이 이방인들이 그를 통하여 복을 받으리라고 약속하신 아브라함의 자손(씨)이라는 사실이다. 갈라디아서 3장 16절에서 사도 바울은 창세기 15:3과 21:12에 나오는 '씨'가 단수라는 사실에 착안하여 이를 예수 그리스도께 적용한다. "이 약속들은 아브라함과 그 자손에게 말씀하신 것인데 여럿을 가리켜 그 자손들이라 하지 아니하시고 오직 한 사람을 가리켜 네 자손이라 하셨으니 곧 그리스도라"(갈 3:16). 바울의 논리를 따라 창세기 15:3과 21:12에 나오는 '씨'라는 말을 문자적으로 해석하면 이는 언약의 자손인 '이삭'에게 적용이 되어야 한다. 그러면 바울의 해석이 틀린 것인가? 아니다. 이 약속의 완전한 성취는 예수 그리스도 안에서만 가능하기 때문에 이삭을 예표적인 인물로 볼 수 있다. 하늘의 별과 같이 많은 자손과 바닷가의 모래처럼 많은 자손에 대한 약속은 누구를 통하여 완전한 성취를 보게 되는가? 이삭을 통해서인가? 예수 그리스도를 통해서인가? 후자이다. 그러면 이삭은 예수 그리스도 안에서 온전히 이루어질 자손의 복의 예표적인 인물로 볼 수 있다. 요컨대, 모든 민족의 복의 통로가 되리라고 약속한 아브라함 후손은 궁극적으로 예수 그리스도로 귀결될 수밖에 없다(갈 3:14). 동일한 해석을 사도행전 3장에 나오는 베드로의 설교에서도 발견하게 된다. 베드로는 설교하기를 "아브라함에게 이르시기를 땅 위의 모든 족속이 너의 씨로 말미암아 복을 받으리라"(25절)는 말씀을 인용하면서, 여기 아브라함의 '씨'를 예수 그리스도(26절)라고 해석하고 있다. 오직 예수 그리스도를 통하여 모든 민족의 복의 통로가 되리라는 아브라함 복은 완전한 성취를 보게 된다(갈 3:14).

둘째, 바울은 갈라디아서에서 "믿음으로 말미암은 자들", 즉 그리스도께 속한 자들은 곧 아브라함의 자손이라고 또한 해석하고 있다(갈 3:7, 29). 이 해석에 따르면 예수 믿는 모든 사람이 아브라함의 자손이 되므로, 자손이 하늘의 별과 같이 많고 바닷가의 모래처럼 많으리라는 아브라함 언약은 영적인 차원에서 온전히 이루어진 것이다. 지구상에 예수 믿는 사람이 22억 명이라면, 이들이 모두 영적인 차원에서 아브라함의 자손들이기 때문에 그에게 주어진 자손의 복은 구약의 민족적 차원에서 성취된 것과는 비교할 수 없는 광대한 차원에서 성취된 것이다.

아브라함 복을 현대에 적용해 보면 다음과 같다.

지금까지 아브라함에게 주어진 약속을 창세기의 맥락 속에서 의미하는 바를 살펴보았고, 다음에 구약성경이라는 맥락 속에서 아브라함 복이 어떻게 성취되었는가를 보았고, 마지막 단계에는 신약에서 아브라함 복이 어떻게 성취되었는가를 살펴보았다. 이제 이 3차원의 의미를 어떻게 설교에 적용할 것인가를 살펴보도록 하겠다. 지면상 전술한 대로 '자손의 복'이라는 주제에 국한해서 다루겠다.

아브라함과 창세기의 맥락 속 '자손의 복'에 대한 메시지

창세기에서 아브라함에게 약속하신 '자손의 복'에 대한 강조점은 아브라함이 불가능해 보이는 자신의 몸을 통해 언약의 자손이 올 수 있는가? 그리고 큰 민족을 이룰 수 있는가에 대한 믿음의 상태에 있다. 하나님께서 75세의 아브라함에게 약속하신 "내가 너로 큰 민족"을 이루겠다(창 12:2)는 약속이 과연 성취될 것인가? 큰 민족은커녕 그에게 약속된 한 자녀도 25년이란 긴 세월 동안 기다린 후에야 얻게 되었다. 아브라함이 100세에 얻은 한 아들을 통하여 어떻게 큰 민족을 이룰 것인가?

아브라함에게 다른 여러 아들이 있었지만, 왜 유독 이삭에게 초점을 맞추고 있는가? 이는 약속의 자녀가 진정한 아브라함의 후손이기 때문이다. 이와 아울러 사라의 불임 모티브는 사라가 결코 자식을 가질 수 없는 상황 가운데 자식을 얻게 된 것은 진정한 언약의 자손은 인간의 육정으로 태어나는 것이 아니요 오직 하나님께로부터 태어난 것임을 보이고 있다(요 1:12-13). 아브라함의 믿음은 고령에 부름을 받고 25년 동안 하나님의 약속을 믿는 믿음에서 입증된다. 그렇다고 아브라함이 하나님의 약속을 의심하지 않았는가? 그렇지 않다. 비록 영적으로 성숙하지 못하여 의심하기도 했지만, 그의 믿음은 마침내 성숙하여 하나님께서 하신 약속을 이루실 것을 믿는 믿음을 포기하지 않는 단계까지 이르게 된다. 여기에 진정한 믿음의 본질이 있다. 아브라함에 대한 문제는 여기서 끝나지 않는다.

하나님은 족장들에게 자손이 하늘의 별과 같이 많게 하겠다고 약속하셨고(창 15:5; 26:4), 바닷가의 모래처럼 많게 하겠다고 약속하셨고(22:17; 32:12), 땅의 티끌처럼 많게 하겠다고 약속하셨다(13:16; 28:14). 아브라함과 족장들에게 하나님께서 반복해서 약속하신 것은 미래에 이루어질 '자손의 복'에 대한 청사진을 제시한 데 있다. 이들이 살던 당시에 자손의 복의 성취는 너무나 미미했다. 그런데도 족장들이 믿음을 포기하지 않고, 하나님께서 약속하신 대로 이루실 줄을 믿으면서 눈을 감았다. 히브리서 기자는 이들 믿음의 족장들이 가진 믿음의 본질을 정확히 지적하고 있다.

이러므로 죽은 자와 같은 한 사람으로 말미암아 하늘의 허다한 별과 또 해변의 무수한 모래와 같이 많은 후손이 생육하였느니라. 이 사람들은 다 믿음을 따라 죽었으며 약속을 받지 못하였으되 그것들을 멀리서 보고 환영하며 또 땅에서는 외국인과 나그네임을 증언하였으니(히 11:12-13).

아브라함과 족장들을 통하여 진정한 믿음이란 뭔가를 보이고 있다. 믿음이란 현실적으로 이루어진 것이 별로 없어도 언젠가 하나님께서 이루실 것을 끝까지 포기하지 않고 믿는 믿음이다. 아브라함에게 이런 믿음이 있었기 때문에 그는 마침내 100세에 이삭을 얻게 되었다. 믿음이란 인간적인 생각으로 불가능해 보이는 것이라도 하나님 약속의 말씀 때문에 변함없이 믿는 것이다. 이런 의미에서 아브라함은 진정한 믿음의 조상이다.

구약성경이라는 맥락 속에서 아브라함 자손의 복은 다음 2가지 관점에서 찾아볼 수 있다.

첫째, 아브라함의 언약 성취라는 관점에서 볼 필요가 있다. 출애굽기에 이르면 아브라함 복이 상당히 성취된 것을 알 수 있다. 장정만 60여만 명에 이르고, 남녀노소를 다 합치면 200만은 족히 되는 '큰 민족'을 이루게 되었다. 아브라함에게 약속하신 복이 문자적으로 이루어진 것을 알 수 있다. 하나님께서 아브라함에게 그의 자손이 이방에서 객이 되어 400년간 종살이를 하다가 나오게 될 것을 예언하셨는데(창 15:13-14), 이 예언이 성취될 즈음에 아브라함에게 약속하신 '큰 민족'을 이루는 복도 문자적으로 이루어졌다. 사사 시대의 혼란기도 있었지만, 다윗과 솔로몬 시대에 이르러서는 바닷가에 모래처럼 많으리라는 아브라함 자손의 복이 그대로 이루어진 것을 보았다(왕상 4:20). 과연 하나님은 약속에 신실하신 하나님이시다. 약속하신 것을 반드시 지키시는 '언약에 신실하신' 하나님을 발견하게 된다.

둘째, 이스라엘 백성들의 불순종이 아브라함 언약에 어떤 영향을 미치는 가도 봐야 한다. 이스라엘 백성들이 분열 왕국 시대에 타락하게 되자, 점점 자손의 복이 줄어드는 현상을 보게 된다. 위에서 언급한 것처럼 북이스라엘의 멸망과 남 유다의 멸망으로 말미암아 언약 자손들의 숫자가 급격히 줄어들어 아브라함 언약이 거의 무효화의 지경까지 이르게 된다. 아브라함 언약은 어디까지나 아브라함처럼 믿음의 길을 걷는 사람들에게는 유효하지만, 혼합주의 신앙에 빠져 믿음의 길을 포기한 자들에게는 아브라함 언약의 복도 동시에 현저히 줄어들게 됨을 깨닫게 된다. 그러면 아브라함 언약은 취소된 것인가? 아니다. 하나님은 아브라함의 후손으로 오시는 메시아를 통하여 그의 후손을 하늘의 별과 같이 많게 하실 것을 계획하셨다.

신약성경의 맥락 속 아브라함의 '자손의 복'에 대한 메시지

이스라엘 민족적인 차원에서 아브라함 자손의 복은 다윗과 솔로몬 시대에 절정에 달했다고 해도 과언이 아니다. 그러나 민족적 자손의 복은 그들의 불순종으로 말미암아 그 이후에 쇠퇴의 길로 걷게 되었다. 그러면 아브라함에게 약속하신 하늘의 별과 같이 많은 자손의 복, 바닷가의 모래와 같이 많은 자손의 복은 이루지 못한 미완성의 복인가? 이런 표현들은 단순히 이스라엘 민족적인 자손의 복을 위한 과장적인 표현인가? 아니다. 하나님은 약속하신 바를 반드시 이루시는 약속에 신실하신 하나님이시다. 하나님께서 아브라함에게 그렇게 많은 자손의 복을 약속하신 것은 더 넓고 더 깊은 완성을 위해서였다.

아브라함의 후손으로 나신 예수 그리스도(마 1:1)를 통하여 하늘의 별과 같이, 바닷가의 모래 같이 네 자손이 많으리라는 아브라함 자손의 복은 온전히 성취되었다. 예수 그리스도를 통하여 지구상의 수많은 영적인 아브라함의 자손을 출산하게 되었다(요 1:12). 예수 믿는 모든 사람은 영적인 차원에서 아브라함의 자손들이기 때문에, 지구상에 믿는 모든 사람이 아브라함의 자손이다. 아브라함에게 "땅의 모든 족속이 너로 말미암아 복을 얻을 것이라"(창 12:3)라는 약속은 아브라함의 후손으로 나신 예수 그리스도를 통하여 온전히 이루어졌다. 이 땅 위의 모든 족속이 예수 그리스도를 통하여 복을 받게 되었다.

자손의 복은 여기서 끝나지 않는다. 예수를 믿는 모든 성도도 아브라함의 자손들이기 때문에 이들 모두가 모든 민족을 위한 복의 통로들이다. 그래서 이는 대 사명과 연결이 된다(마 28:18-20). "너희는 가서 모든 민족을 제자로 삼으라"(마 28:19)는 지상명령은 믿는 자 한 사람 한 사람이 아브라함의 자손으로서 수많은 아브라함의 후손을 낳을 수 있는 길을 열어 놓았다. 아브라함 자손의 복은 단순히 그리스도 안에서 하늘의 별과 같은 많은 자손을 얻게 되었다는 메시지로 끝나는 것이 아니다. 이는 믿는 사람 모두가 대 사명에 순종함으로 말미암아 지속적으로 아브라함 자손의 복을 확장해가는 능동적인 참여자란 사실이다. 동시에 믿는 자들이 대 사명을 순종함으로 말미암아 세상의 모든 민족에게 복의 통로로서의 복을 함께 누리게 된다는 사실이다.

이런 관점에서 보면 아브라함 언약은 지금부터 4000년 전 아브라함에게만 약속하신 복이 아니라, 21세기를 사는 믿는 우리에게도 약속하신 위대한 복이라고도 할 수 있다.

인간적인 면에서 보면 아브라함은 우상이 가득한 도시에서 살았고, 아내를 팔아가면서 자신의 안전을 추구하는 자였고, 자기 조카를 위하는 자였고, 자기 혈통을 지키려고 여종을 이용해 이스마엘을 낳았던 보통의 자기중심적 인간이었다. 하나님이 그에게 가나안 땅과 많은 후손들을 주신다고 하니까 인간적인 차원에서 이해했고, 100세에 아이를 주신다고 하니까 웃었다. 그러나 아브라함의 복은 이 땅에서의 복을 넘어선다. 그것은 구원의 복, 예수 그리스도를 믿는 복, 하나님을 아는 복을 말해주고 있다. 하나님을 모른 채 자기만 알고 사는 인간에게 하나님이 어떻게 찾아오셔서 삶에 개입하시고 하나님을 믿게 만드시는지가 아브라함을 통해 본격적으로 나타났다. 그리고 그런 하나님의 일하심은 그의 자녀 이삭과 야곱의 삶에도 나타났고, 이스라엘이라는 큰 공동체를 통해서도 나타났다. 아브라함을 믿게 하신 하나님은 믿음으로 아브라함의 후손이 되게 하실 자들도 믿게 하실 것이다. 그래서 하나님은 이스라엘이 겪을 애굽의 삶을 아브라함에게 미리 알려 주신 것입니다. 너의 후손들도 내가 다룰 것이라고 알려 주신 것이다. 아브라함에게 그러셨듯이 이스라엘에게도 모든 민족에게도 하나님과 무관하게 살던 이방인인 우리에게도 하나님은 찾아오셔서 복음을 듣게 하시고, 하나님을 알게 하시고 예수 그리스도를 믿게 하신다. 하나님은 아브라함의 삶 속에서 역사하셨듯, 우리의 삶 속에서 하나님 자신이 주권자이시고 구원자이심을 경험하게 하신다. 그래서 아브라함처럼 우리도 믿음으로 구원 얻도록 일하시는 신실하신 하나님이시다. 하나님은 아브라함에게 하신 그 약속을 우리에게도 지키시는 분이시라는 것을 아브라함을 통해서 보여준 것을 잊어서는 안 될 것이다.

제3장

사라와 하갈의 운명

하갈 (아브라함의 첩)

사라 (아브라함의 부인)

제3장 사라와 하갈의 운명

구약학자들은 사라에 대하여 여러 가지로 평가를 하고 있다. 일반적으로 사라가 순종의 여인, 믿음의 여인, 인내의 여인 그리고 열국의 어머니로 평가되지만 또 한편으로는 질투의 여인, 시기의 여인 무자비한 여인, 욕심의 여인 등으로도 비추어지고 있다.

창세기에 보면 사라가 하나님을 찾아온 것이 아니고 하나님이 친히 사라에게 찾아오셔서 역사한 것으로 기록되어 있다(창 21:1). 하나님의 말씀대로 사라는 결국 열국의 어머니로서의 약속의 성취를 경험했고 하나님의 은혜를 체험한 믿음의 여인으로 평가를 받은 것은 사실이다. 사라는 갈대아 우르에서 태어났고 아버지는 데라, 남편은 아버지의 이복 아들인 아브람이다. 남편이 시부 데라와 동행하여 이주할 때, 조카 롯을 데리고 함께 가게 되었는데 그때 아브람은 75세, 사래는 65세였다. 시부이자 친부 데라가 죽을 때까지 그들은 하란에 머물렀고, 죽은 후 가나안 땅으로 옮겨졌다. 남편 아브람은 하나님으로부터 명령과 약속을 받았고, 씨에 대한 약속을 받았지만, 약속의 때까지 사라가 임신하지 못해 자식이 없었다.

사라의 인생 여정은 복잡하다. 127세의 생을 사는 동안 여덟 번의 이사를 해야 했고 이사를 하려면 가재도구뿐 아니라 가축과 모든 가솔을 이끌고 걸어서 수십 수백 마일을 이동해야 하는데, 그럼에도 불구하고 그 모든 과정에서 잠잠히 남편에게 순종했다. 사라의 가정생활은 보통 일반 가정생활과 다르다. 이복오빠와 결혼을 해야만 하는 기구한 운명이오 더욱이 선택의 여지가 없는 거의 강제적인 결혼이기 때문이다. 사라는 데라의 딸로 태어났으므로 이복 오빠 아브라함뿐 아니라 배다른 형제자매들과의 관계가 결코 만만치 않았을 것이다.

그리고 그 당시 부권사회에서 여자의 책임은 자식을 낳아 대를 이어 나가는 것인데 이 의무를 시행치 못하면 하나님으로부터 저주받은 인생으로 살아가야 했다. 사라는 나이 99세가 될 때까지 이 저주의 누명을 쓰고 살아야 했고 드디어 이 저주로부터 벗어나기 위한 방책으로 자신의 여종을 통해 자식을 얻고자 남편에게 잘못된 제안을 해야 하는 운명이었다. 남편인 아브라함의 책임도 사라 못지않게 크다고 할 수 있다. 아브라함은 아내 사라의 제안을 거부하거나 하나님께 물어보지도 않고, 사라의 말대로 여종 하갈을 통해 아들을 낳게 했다. 어떻게 보면 아브라함은 모든 책임을 사라에게 넘기고 자기는 책임이 없는 것처럼 행동하는 모습을 볼 수가 있다. 또 한편 하갈을 데려올 때 아브라함의 나이가 86세이었으므로 열국의 아버지 노릇을 하기 위해 그렇게 할 수밖에 없었을는지도 모른다.

더욱이 사라가 예상하지 못했던 것은 자기의 종인 하갈이 임신과 출산하는 과정에서 오만방자함으로 변해 여주인 사라를 멸시하고 무시하며 분란을 일으킬 줄은 꿈에도 생각하지 못했을 것이다. 결국은 이에 대해 사라는 자신의 실수와 잘못을 인정하기보다 아브라함에게 책임을 돌리고 원망하며 불평하였다. 드디어 아브라함이 100세 될 때 사라를 통해 이삭이 태어나게 되고 사라는 저주의 늪에서 벗어날 수 있었다. 그러나 이삭이 태어나자 가정 내의 갈등은 더 심각해졌다. 이스마엘은 이삭을 조롱했고 사라는 이스마엘과 하갈에게 시기, 질투, 저주한 나머지 그들을 내쫓도록 아브라함에게 권했고 아브라함은 이것을 받아들이게 되었다. 인자한 열국의 어머니의 모습은 사라지고 무섭고 무자비하고 인정 없는 여인으로 사라는 변하고 말았다. 이렇게 결정해 놓고 아브라함은 하갈과 이스마엘을 광야에 내쫓을 생각을 하니 근심 걱정거리가 아닐 수 없었다. 아브라함이 하갈을 취함으로 인해 생긴 갈등은 그들의 가정사로 끝나지 않았고 4천 년이 지난 지금까지 지속되고 있다. 이 갈등은 이스라엘과 주변국의 갈등으로 지속되어 현재까지 중동의 문제가 되고 있다.

사라와 하갈, 이삭과 이스마엘은 영과 육의 대립과도 같다. 여종 하갈에서 난 자와 자유로운 여자 사라에게서 난 자, 육신을 따라 난 자(이스마엘)와 약속으로 말미암아 난 자(이삭)를 의미하기도 한다. 하갈이 시내산으로부터 종을 낳은 자라면 사라는 하나님으로부터 약속 받은 자유로운 자이다. 시내산과 하늘에 있는 예루살렘이 비교가 된다. 하갈이 아라비아에 있는 시내산이며 이슬람교의 어머니라면 사라는 에루살렘이고 이스라엘의 어머니이다. 구약 창세기에 의하면 아브라함이 이삭이나 이스마엘에게 똑같이 할례를 주고 또 그 자손 둘을 똑같이 축복했지만 성경은 육신에 속한 것은 상속을 받지 못하지만 영에 속한 것은 상속을 받을 수 있다고 기록하고 있다. 다시 말해서 이스마엘은 서자로 취급을 받았고 이삭은 정통 상속자로 인정을 받아 두 자손들의 운명이 갈라지게 되었다.

과연 사라는 진실한 순종의 여인이었는가 아니면 순종할 수밖에 없는 처지였을까? 학자들은 후자를 주로 선택한다. 아브라함은 파라오가 두려워서 아내를 누이라 속였고(창 12:12-13), 아비멜렉이 두려워서 아내를 누이라 또 속였다(창 20:2). 자기의 생명을 지키기 위해 위기 순간에 아내를 버렸지만, 사라는 남편이 자신을 버리는 순간에도 남편에게 순종했다. 사라는 진실로 아브라함을 사랑하는 마음에서 그렇게 처신했을까 하는 의문이 들지 않을 수 없다. 남편이 지켜주지 못하는 상황에서 하나님께서는 그녀를 취하려고 하는 왕을 직접 징계하시고 문제를 해결해 주었다고 성경은 기록하고 있는데 하나님은 아브라함보다 사라를 좀 더 불쌍히 여겨 살려준 것으로 이해된다. 그러나 신약 히브리서에 의하면 하나님은 사라를 믿음의 여인으로 평가하였다고 기록하고 있다. 사라는 약속하신 분을 신실한 분으로 판단했고, 수태하는 힘을 받아 아이를 출산했다고 기록하고 있다(히 11:11).

하나님은 불가능한 상황에서 사라에게 하나님의 능력을 체험하도록 하였다. 90세의 늙은 나이, 여인의 경수가 끊어진 상태에서 수태하는 힘을 받아 아들을 출산하게 했다. 이 놀라운 일을 하나님께서 하셨음에도 불구하고, 하나님은 "사라가 믿음을 통해 했다"라고 인정해 주셨다. 신약성경의 베드로도 사라가 남편 아브라함을 주(主)라 불렀기 때문에 '순종의 여인'으로 평가했다(벧전 3:6).

결론적으로 사라가 순종의 여인이건 믿음의 여인이건 간에 사라에게 일어났던 모든 일들은 사라의 순종과 믿음에 상관없이 하나님이 직접 개입하셔서 행하셨다는 것을 기억해야 된다고 구약학자들은 평가하고 있다.

사라와 하갈의 갈등

사라와 하갈의 갈등 문제는 종교적인 것을 떠나 정치적인 것으로 비화되었다. 두 여인의 장자권 싸움은 오늘도 계속되어 이스라엘과 아랍전쟁으로 확대되어 가고 있다. 이 두 여성들은 특별한 모습으로 우리에게 다가온다. 그들은 세상에 존재하는 모든 여성의 전형적 의미를 지니고 있다. 아브라함의 아내 사라와 그의 첩 하갈에 얽힌 이야기는 매우 흥미롭다. 가계 계승을 위한 사라의 집념과 하갈을 향한 질투를 통해 전혀 다른 여성상의 두 측면을 만나게 된다. 또한 사라의 몸종인 하갈도 아브라함의 자식을 낳게 되자 사라를 동등한 사랑의 경쟁자로 인식하는 태도에서 또 다른 여성성의 일면을 확인할 수 있다. 여기서 우리는 성경에 나타난 하나님의 약속과 반대로 인간의 논리를 비교해 보게 된다.

아브라함은 고향을 떠나 하나님이 약속한 땅 가나안으로 들어갔다. 하지만 터 잡고 살 형편이 못 되어 여러 곳을 전전해야 했다. 이 때부터 아브라함의 광야 생활이 시작됐다. 아브라함은 자손을 번성케 해 주겠다는 하나님의 약속을 받는다. 아브라함 부부는 그 약속을 믿지 않을 수 없었다. 그러나 하나님의 그 약속은 사라의 아들 이삭을 통해서만 가능한 것인지 아니면 아브라함의 첩인 하갈의 아들 이스마엘도 포함되는지 성경은 정확하게 구분을 짓지 않는다.

이미 폐경이 된 아내 사라의 처지를 감안할 때, 정상적으로 자식을 얻을 수 없음을 아브라함 부부는 잘 알고 있었다. 그래서 아브라함은 인간적으로 생각해서 상속자를 그의 종인 다메섹 사람 엘리에셀밖에 없다고 생각한다. 그런데도 하나님은 "그 사람이 네 상속자가 아니라 네 몸에서 날 자가 네 상속자가 되리라"(창 15:4)라고 거절하신다.

그러자 사라는 남편의 몸에서 태어난 자식이 상속자가 꼭 되어야 한다면 자기 몸종인 젊은 여자 하갈을 남편과 잠자리를 같이하게 해 자식을 얻으면 된다고 생각한다. 어쩔 줄을 모르는 아브라함은 아내의 제안과 함께 하갈을 받아들인다. 하지만 이것도 어려운 결단이었다. 사라의 계획대로 하갈은 이스마엘을 임신하게 된다. 집안의 대를 잇는 아들을 품게 되었으니 사라도 만족할 수밖에 없다. 그런데 사건은 여기서 끝나지 않는다. 아브라함의 자식을 임신한 하갈은 신분이 바뀌었다고 생각한다. 사라의 몸종이 아니라 아브라함 집안의 대를 잇는 자식을 낳게 될 아브라함의 아내가 되었다는 것이다. 사라는 자기 몸종 하갈로부터 수모를 당한다. 동시에 사라는 남편의 사랑을 차지한 여자를 향해 질투를 숨기지 않는다.

아브라함 부부는 이러한 초월적인 하나님의 약속을 인간의 생각 수준으로 이해했지만 결국 사라에게 이삭을 낳게 해 주셨다. 이렇게 되자 사라의 처지도 달라지면서 두 여자의 갈등은 심해졌다. 사라는 교만한 하갈을 몸종이 아닌 여자로서 질투했다. 종이 아들을 낳았다고, 부인이나 된 것처럼 행세하는 그녀를 도저히 용서할 수 없었다. 불행하게도 아브라함은 두 여자의 갈등을 중재하지 못한다. 이삭이 이스마엘과 함께 지내는 걸 그냥 두고 볼 수 없었던 사라는 하갈 모자(母子)를 구박하기 시작했다. 결국은 아브라함에게 이들 모자를 집 안에서 쫓아내자고 제안한다.

사실상 아브라함은 그 청을 받아들일 수 없었다. 자신의 아들까지 낳았는데, 하갈 모자를 쫓아낸다는 건 인간의 도리가 아니었다. 더 구나 이삭을 낳기 전까지만 하더라도 이스마엘로 대를 이으려고 생 각했던 게 아니었던가. 그는 사라에게 결국 나중에는 하나님의 약속 대로 이삭이 상속자가 될 것은 당연하니 좀 기다려 달라고 애원했고 또 한편 아브라함이 항의하기를 사라가 하갈을 내 침상으로 들여보 낸 거 아니냐고 설득하려 했다. 그러나 사라의 고집은 완강했다. 아 브라함은 사라의 질투를 당해낼 수 없었다.

아브라함은 원치 않게 사라의 말을 듣고 물 한 병과 빵 몇 조각을 주고 하갈 모자를 광야로 내쫓았다. 그러나 이토록 혹독하게 하갈과 이스마엘을 내쫓는 것은 인간의 도리는 아니었다. 얼마나 몰인정한 처사인가? 아브라함 부부는 재산도 많고 종도 많이 거느리고 살았으 니, 모자가 한평생 먹고 살 재산과 더불어 당장 그들의 신변을 지켜

줄 종들 정도는 딸려 보내는 것이 사람의 도리다. 그러나 아브라함은 그렇게 하지 못했다. 아브라함의 몰인정은 전적으로 사라의 비정과 질투 때문이다. 아브라함은 인류 최초의 공처가이자 삼각관계를 만들어낸 장본인이라는 책임을 면할 수가 없다. 첫 조상 아담도 이브의 꾀에 넘어가 죄를 지은 것처럼 '믿음의 조상' 아브라함도 여자 앞에선 무력한 사내에 지나지 않았다.

아브라함과 두 여자 관계에서 몇 가지 중요한 사실을 더 생각할 수 있다. 사라는 믿음의 조상 아브라함의 현숙한 아내라기보다는 여성의 전형을 드러낸다. 그녀는 집안의 대를 잇겠다는 가계 계승의 강한 의지를 갖고 있었다. 여자의 첫째 의무는 자식을 낳아 집안의 대를 잇는 것이라는 것을 사라는 잘 알고 있었다. 그러기 때문에 사라는 여성으로서의 질투를 잠시 유보하고 몸종을 남편에게 허락했다. 여자로서는 어려운 결단이었으나 가계 계승을 위해선 감수할 수밖에 없었다. 이러한 가계 계승의 욕망은 여성성의 핵심이다.

질투하는 여성의 전형도 사라와 하갈을 통해 드러난다. 하갈이 이스마엘을 낳은 뒤, 하나님은 약속대로 사라에게도 태의 문을 열어 이삭을 허락해 주셨다. 사라로서는 하늘을 얻은 것처럼 기쁜 일이었다. 그렇다면 하나님께 감사해야 한다. 그러나 성경은 불행하게도 그런 내용보다는 이스마엘을 낳은 하갈과의 갈등을 중심으로 기록하고 있다. 우선 사라는 몸종 하갈의 오만함을 용납할 수 없었다. 자신이 제안해서 남편의 침상에 들게 했고, 자신의 소원대로 상속자가 될 사내를 낳게 했다. 사라의 입장에서는 모든 것이 의도대로 이뤄진 것이다.

그런데 사라를 고통스럽게 한 것은 하갈의 돌변한 태도였다. 하갈은 아브라함의 자식을 임신했을 때부터 사라를 깔보기 시작했다. 그것은 자식을 못 낳는 여자에 대한 우월감이었다. 자식을 낳지 못하면 어머니가 될 수 없다. 여자는 한 남자의 아내이면서 자식의 어머니이어야 한다. 그래서 하갈은 사라 앞에서 당당했던 것이다. 이러한 하갈을 눈뜨고 볼 수 없었던 사라는 하갈을 학대했다. 집안의 대를 이으려고 남편과 동침토록 할 정도로 가계 계승의 의지를 지닌 여자의 본성도 자기를 깔보는 첩의 오만함 앞에서는 유지될 수 없었다.

사라는 어머니로서 가계를 계승하려는 욕구와 함께 '사랑의 경쟁자'로서 여성이 갖는 본능적인 질투 감정을 극복하지 못하는 이중적인 모습을 갖고 있다. 사라에 대한 하갈의 태도 변화, 즉 아브라함의 아들을 임신하면서 드러나는 신분 변화의 욕구 또한 여자의 본성을 드러낸다. 아브라함을 둘러싼 사라와 하갈의 태도와 선택은 결국 새로운 역사를 이뤄내는 계기가 됐다.

제4장

아브라함과 이삭의 신앙

이삭 (아브라함의 아들, 사라에게서 난 아들)

제4장 아브라함과 이삭의 신앙

이삭의 생애는 야곱이나 요셉과 같은 신앙 인물들에 비해 비교적 순탄한 삶이었다고 말한다. 성경에서도 그의 인생은 몇 장 안에 짧게 기록되어 있다. 이삭은 족장 아버지 아브라함이 백세에 낳은 늦둥이 아들로 부모의 전폭적인 사랑을 받고 자랐다. 이삭의 아버지 아브라함은 당시에 상당한 영향력이 있는 거부였고 그 시대에 이미 가나안 부족 왕들과 동등한 지위로 외교 관계를 가졌던 걸 볼 수 있다. 이삭은 왕자나 다름없는 삶을 살았을 것이다. 그러나 과연 그의 평생이 행복하기만 했을까?

그는 청소년기에 아버지에 의해 죽어서 번제로 바쳐질 뻔했다. 하나님은 아브라함의 믿음을 시험해 독자 이삭을 번제로 바치라는 이해할 수 없는 명령을 내리셨다. 히브리서 11장 19절에 이 명령에 순종했던 아브라함에 대해 그가 하나님이 능히 이삭을 죽은 자 가운데서 다시 살리실 줄로 생각했다고 해석한다. 하나님에 대한 절대적인 신뢰와 죽은 자를 살리시는 하나님을 믿었던 그를 우리는 믿음의 조상이라고 부른다. 그리고 힘이 펄펄한 청소년의 나이에 아버지의 뜻에 순종해 결박된 채 나뭇단에 누워 있던 이삭은 진정 순종의 아들이었다고 구약은 기록하고 있다. 그러나 그렇게 자기를 사랑하던 아버지가 날 선 칼을 자신의 목에 들이댈 때 이삭이 받은 충격과 공포가 어땠을까? 이 세상에 조건 없이 나를 사랑해 주리라 믿을 수 있는 유일한 신뢰의 대상이 부모님이 아닌가?

설상 어느 날 우리 부모님이 내게 칼을 겨누고 죽이려 했다면 그 이유가 무엇이든 우리가 받을 엄청난 충격은 평생 잊지 못할 상처일 것이 분명하다. 죽음에 대한 트라우마는 평생 사람을 괴롭히게 마련이다. 하나님은 이삭의 마음속에 남아 있는 깊은 고통을 응시하고 계셨을까? 크리스천들은 이삭에게서 2천 년 뒤 십자가 형틀에서 아버지의 심판을 당할 예수님의 마음의 고통을 함께 느낄 수 있었을 것이다. 그러기에 하나님은 씻기지 않는 깊은 트라우마를 가진 이삭을 자상하게 살피시고 그 후에 비교적 평탄한 인생을 주셨던 것 같다고 학자들은 평한다. 이삭의 이야기를 받아들인다면 하나님은 우리 마음의 아픔과 상처도 일일이 기억하고 계시는 것으로 믿게 될 것이다. 삶에 상처받고 힘들어 홀로 눈물 흘릴 때 하나님은 우리를 위로하고 붙들어 주시는 분이다.

예레미야 30장 17절에 "나 여호와가 말하노라 내가 너를 치료하여 네 상처를 낫게 하리라"라는 말씀이 있다. 오늘 이삭의 삶의 일부분을 살펴보며 그의 삶에 동행하시며 축복하시는 하나님이 곧 우리 삶에도 함께하심을 확신할 수 있다.

창세기에 아브라함과 그 자손들을 통한 하나님의 구원 계획의 핵심이 들어 있다. "네 자손을 하늘의 별과 같이 번성하게 하며 이 모든 땅을 네 자손에게 주리니" 이 말은 잘못하면 유대인들에만 속한 것처럼 오해될는지 모르나 꼭 유대인 자손만을 지칭한 것은 아니다. 이스라엘 전체 인구는 서울 인구와 비슷하게 약 1,200만으로 추산된다. 최근의 신구약학자들은 이 언약은 구원받을 전 인류를 말씀하는 것이라고 평한다. 또 "네 자손으로 말미암아 천하 만민이 복을 받으리라"는 말씀에 복음의 핵심이 있다고 보겠다. 갈라디아서 3장 16절에서 바울사도는 이렇게 해석한다. 이 약속들은 아브라함과 그 자손에게 말씀하신 것인데 그 자손이 여러 민족이나 사람들을 가리켜 말한 것이 아니고 오직 한 사람을 가리켜 그 자손이라 하였다. 곧 그리스도라 즉 그의 후손 예수 그리스도를 통해 천하 만민이 복을 받게 된다는 것이다. 예수 그리스도를 구주로 믿는 크리스천들은 약속대로 예수님을 통해 복을 받은 사람들이다.

오늘 이삭의 번제 희생을 통해 장차 그리스도의 희생으로 만민이 구원받게 됨을 예견할 수 있다. 먼저 하나님은 이삭에게 애굽으로 내려가지 말고 내가 네게 지시하는 땅에 머물라고 하셨다. 그러나 그 땅에 큰 흉년이 들게 되었다. 여기서 하나님께서 주시겠다는 약속의 땅은 곧 가나안을 가리킨다. 한 가지 기억해야 할 것은 하나님이 약속한 땅에도 흉년이 든다는 것이다. 우리 크리스천도 하나님의 자녀가 되었어도 우리 삶에도 때때로 흉년이 오게 되어 있다.

고대사회에서 흉년은 곧 수많은 사람들의 죽음을 의미한다. 아브라함 때 첫 흉년이 들고 이삭 때 또 흉년이 들었다. 가나안에 큰 흉년이 드는 빈도수가 잦아지는 것은 가나안 부족들의 부패와 타락이 점점 심해져 가고 있다는 것을 의미한다. 이미 아브라함 때 소돔과 고모라의 악덕은 인간의 존엄성과 양심과 덕을 다 내다버리고 하늘에 달할 정도였다고 성경은 기록하고 있다. 이 두 차례의 기근에 회개치 않은 가나안 부족은 야곱세대에 이르러 무려 7년간이나 흉년을 당하게 된다. 7년의 기근에도 가나안 부족들은 끝까지 회개하지 않았다. 결국 이삭은 가나안을 떠나지 말라는 하나님의 명령을 어기고 가족과 종과 가축들을 거느리고 기근이 없는 애굽을 향해 이동하고 말았다.

그가 그랄 지방에 이르렀을 때 하나님께서 이삭에게 나타나 다시 말씀하셨다. 애굽으로 내려가지 말고 약속의 땅에 거주하라. 아무리 먹을 게 떨어지고 하나님의 축복의 약속이 멀게 느껴지더라도 우리를 부르신 곳에서 믿음으로 거하라는 명령을 어길 때는 후에 반드시 이에 대한 처벌을 받을 것을 기억해야 한다. 당시 이집트는 풍부한 나일강 유역을 중심으로 화려한 문명의 꽃을 피우고 있었다. 가나안에 비해 가뭄의 위협이 적었던 애굽은 아브라함에게도 이삭에게도 흉년의 위기를 넘길 수 있는 피안의 땅이었던 것은 틀림없다. 그래서 가나안에 기근이 생기면 아브라함도 북쪽으로 올라가지 않고 애굽으로 내려왔던 것을 볼 수 있다. 이집트는 이미 각종 우상숭배로 타락한 도시였다. 그리고 탈출해야 할 죄의 상징적인 땅이었다. 이삭은 당장 식량이 궁한데 먼 미래의 넓은 땅과 축복이 문제의 해결책이 되겠느냐고 하나님께 반문을 했을 가능성이 있다. 이삭은 하나님의 음성을 달가워하지 않았을 것 같다.

　결국 이삭은 하나님의 말씀에 순종하여 가나안 지경 내에 있는 그랄 땅에 거주하게 되었다. 이삭은 풍부하게 넘실대는 애굽의 나일강과 평야를 포기하고 흉년과 기근으로 타들어 가는 가나안에 머물렀다. 그리고 하나님은 이 땅에 있을 때 내가 너와 함께 있겠다고 하셨다. 이삭은 가나안에 거류하였으나 굶어 죽지 않았다. 오히려 그 땅에서 지은 농사로 그 해에 백배나 얻었고 하나님께서 복을 주시므로 거부가 되었다고 한다. 물이 없어 물을 찾아 떠나려 했던 그에게 파는 곳마다 우물이 터지게 하나님은 역사하셨다.

두 번째로 하나님은 이삭에게 거류하는 자가 되라고 말씀하셨다. 여기서 거류한다는 것은 나그네처럼 머물라는 뜻이다. 아직 가나안은 이삭에게 주어진 축복의 땅이 아니다. 4백 년 후에 그의 후손들이 들어가 차지할 땅이고 영적으로 장차 받을 하늘에 있는 영원한 도성이라고 히브리서는 해석한다.

그러면 왜 하나님이 도성 밖에서 나그네처럼 살 것을 요구하셨을까? 가나안 부족들의 성 안에는 부패하고 타락한 죄와 사탄의 문화와 생활양식이 장악하고 있었기 때문이다.

세 번째로 이삭의 생애를 살펴보면 다음과 같다. 이삭은 믿음으로 순종했고 또 의심도 했던 사람이다. 그는 약속의 자손으로 가나안에 거해야 할 것을 이미 알고 있었다. 그러나 하늘의 별과 같은 자손을 약속 받았지만 결혼한 지 20년이 되도록 그의 품에 자식 하나가 없을 때 그는 하나님의 약속을 의심했을 것이 틀림없다. 더군다나 그랄 땅에서 아내로 인한 신변의 위협을 느꼈을 때 즉시 하나님이 지켜주실 것을 의심했을 가능성도 크다. 이삭의 거짓 행각은 아비멜렉의 눈에 발각되었다. 이삭이 두려워했던 대로 리브가가 아내인 것이 들통 났고 아비멜렉을 속인 것까지 밝혀졌으니 상황은 두 배로 나빠진 것이다. 이후에 그랄 땅을 떠난 이삭은 본래 거하던 브엘세바로 돌아갔다. 그리고 그는 거기서 하나님께 인생의 첫 번째 단을 쌓았다고 한다. 고난의 길을 걷는 동안 그는 비로소 아버지 아브라함의 하나님이 아닌 이삭 자신의 하나님을 만난 것이다.

이삭은 여러 가지 역경을 맞이하면서 하나님께 절대적으로 순종하려고 애쓰는 모습을 볼 수 있다. 이삭이 하나님을 의심하고 자기의 생각대로 행동을 했을 때에도 하나님은 그의 곁을 한시라도 떠난 적이 없다.

여기서 우리가 배우는 교훈은 하나님은 자기가 언약한 약속은 어떤 경우라도 반드시 지켜진다는 사실이다.

마지막 족장 야곱의 12지파

야곱 (이삭의 둘째아들)

제5장 마지막 족장 야곱의 12지파

야곱의 12지파

야곱은 얼떨결에 4명의 여자를 아내로 삼아서 12명의 아들을 낳게 된다.

사랑하는 여인 라헬에게서 둘, 레아에게서 여섯, 두 명의 여종에게서 둘씩 네 명을 낳아 열둘 아들의 아버지가 되었다. 첫째는 르우벤이며 '보라 아들이다'라는 뜻이다, 둘째는 시므온인데 '들으셨다'는 의미를 가지고 있고 셋째인 레위는 '결속'이라는 뜻을 지니고 있다. 넷째는 유다인데 '찬송'이라는 의미이고 다섯째는 단으로 '억울함을 풀었다'는 뜻이다. 여섯째는 납달리로 '경쟁하여 이겼다'는 뜻을 내포하고 있고 일곱째는 갓인데 '복되다'는 뜻이다. 여덟째는 아셀이며 '나는 기쁜 자'라는 뜻이다. 아홉째는 잇사갈 즉 값을 주고 샀다고 해서 '값'이라는 뜻이다. 열 번째는 스불론이라고 하고 '함께 거한다'는 뜻을 가지고 있으며 열한 번째는 요셉인데 더하시리라는 뜻의 '더함'이다. 열두 번째는 베냐민인데 '오른손의 아들'이란 뜻이다.

좀 더 이 열두 아들들의 이름들을 분석해 보면 이름들이 모두 탁월한 뜻이 담겼으나 여자들의 질투 속에 지어진 이름들이다. 남편 야곱의 사랑을 독차지하려는 두 여자의 시기와 질투 속에서 태어난 아들들이기 때문이다. 레아는 마치 야곱의 사랑을 받지 못한 것에 대한 보상이라도 받으려는 것처럼 아들들을 낳을 때마다 이제는 야곱은 내 것이다, 내가 차지하리라는 욕망을 아들들의 이름 속에 넣었다.

그들은 자매간이지만 시기와 질투는 하늘을 찔렀다. 르우벤(보라 아들이다)을 낳았을 때 레아는 의기양양하여 라헬을 향해 "네가 아무리 야곱의 사랑을 받으면 뭐하냐. 아들도 못 낳는 것이"라는 뉘앙스를 담았다. 시므온은 '들었다'는 뜻인데 아들을 낳고도 여전히 남편의 사랑을 라헬에게 뺏긴 서러움을 시므온(내 슬픔을 여호와께서 들으셨다)라는 이름으로 대변했다. 레위는 '결속(attached)'이라는 뜻인데 라헬이 아들을 하나도 못 낳았을 때 레아는 세 명이나 낳았으므로 이제야 말로 야곱이 자기의 것이 될 것이라는 야망을 아들의 이름으로 나타냈다. 심지어 유다는 '찬송(celebrated)'이라는 뜻, 할렐루야이다. 모든 것이 자기에게 유리하게 돌아가는 상황에 대해 레아는 할렐루야를 외친 것이다. 얼마나 이기적인 찬송인가? 야곱은 남편을 넘어서 우상이 되어 버렸다. 내가 유익이 되면 할렐루야이고 내게 유익이 되지 않으면 질투와 원망이 된다면 그것은 신앙이 아니다.

이제 레아의 출산도 잠시 멈추게 되자 두 여인은 자기에게 부모가 준 여종을 통해 또다시 출산 경쟁을 하게 된다. 먼저 여종을 들이댄 여자는 라헬이다. 라헬은 레아가 4명의 아들을 낳을 때까지 자식이 없었다. 그래서 자신의 한을 풀어 보려고 자기의 몸종 빌하를 야곱에게 들여보내서 첩으로 삼게 했다. 여인의 한이 얼마나 무서운지 알 수 있다. 여인이 원한을 품으면 오뉴월에도 서리가 내린다고 했다. 사라는 자식을 못 낳는 한 때문에 몸종 하갈을 아브라함에게 들여보내고 질투의 긴 밤을 지새웠으며 가정불화의 근원이 되었다. 라헬도 자신의 몸종을 남편에게 보내어 아들을 낳았는데 그 이름을 단, '심판'이라고 지었다. 하나님이 자기의 억울함을 듣고 판단하셔서 아들을 주셨다는 뜻이다. 빌하를 남편에게 보내는 아픔을 견디면서 아들을 낳지 못하는 한을 풀어 보려는 여자의 욕망이다. 빌하를 통해 또 낳은 아들이 납달리, '경쟁하여 이겼다'이다. 철이 없는 맹한 여자 라헬은 자신의 몸종이 두 명의 아들을 낳게 되자 이제는 언니 레아를 이겼다고 기뻐했다. 그래서 그 승리의 쾌감을 납달리, '나의 씨름’이라는 이름으로 표현했다.

이에 레아는 질세라 자기의 여종인 실바를 야곱에게 들여보낸다. 그래서 낳은 아들이 갓과 아셀이다. 갓(troop)은 ‘군대가 온다’는 뜻이다. 이제는 라헬이 무슨 수를 써도 이길 수 없을 만큼 강하다는 자신감을 드러낸 이름이다. 아셀은 ‘복되다, 행복하다’, ‘나는 행복하다’는 뜻이다. 레아는 자기 슬하에 6명의 아들을 두었기에 더 이상 좋을 수는 없다는 만족감을 표현했다. 하나님은 놀랍게도 다산의 왕인 레아에게 다시 아들을 주었는데 그 이름은 잇사갈과 스불론이다. 잇사갈은 ‘보상’이라는 뜻으로 레아는 자기의 시녀를 남편에게 준 값으로 하나님이 아들을 주셨다는 뜻이다. 스불론은 ‘거함’이라는 뜻인데 레아가 라헬과의 사랑 전쟁에서 승리의 정점을 찍은 아들이라는 뜻이다. 아들을 6명이나 낳았으니 야곱은 자기와 함께 살 것이라는 소망을 담았던 것이다. 역전의 용사 라헬은 기나긴 아들 낳기 경쟁에서 드디어 자신의 몸으로 아들을 낳았는데 ‘요셉’이다.

요셉은 ‘더함’이라는 뜻인데 라헬의 수치를 씻어낸 아들이며 다른 아들을 더해 달라는 소망이 담긴 이름이다. 마지막 아들은 베냐민인데 야곱이 처음 하나님을 만났던 벧엘로 올라가던 중에 그의 사랑하는 여인 라헬이 낳은 아들이다. 라헬은 베냐민을 낳다가 산고로 죽게 되자 이름을 베노니(슬픔의 아들)이라고 지었다가 다시 베냐민(오른손의 아들)이라고 바꿨다. 엄마의 태교는 얼마나 중요한가? 이들 자매의 질투 속 경쟁은 뱃속에 있는 태아에게 얼마나 큰 악영향을 끼쳤는지 충분히 짐작이 갈 것이다.

네 명의 여인들의 질투 속에서 태어난 야곱의 열둘 아들들이 그 질투를 배워서 얼마나 야곱의 마음을 아프게 했는지 우리는 야곱의 생을 통해 안다. 그럼에도 불구하고 욕망의 이름들 속에 하나님께서는 귀한 뜻을 담게 하셨다. 하나님은 완벽한 사람들을 들어서 하나님의 일을 하시지 않는다. 왜냐하면, 이 세상에는 하나님의 일을 할 만한 완전한 성품을 가진 자는 없기 때문이다.

"지렁이 같은 야곱"(사 41:14), '사기꾼, 속이는 자'라는 별명을 가진 '꼼수의 대가'인 야곱을 불러서 하나님의 장자의 명분을 이어가게 하듯이 하나님은 비뚤어진 여자들의 경쟁 속에서 태어난 열둘 아들들을 통해 하나님의 약속과 계획을 이루어 가신다. 변화되기 전의 야곱의 인격과 모습, 벌레처럼 형편없는 죄인을 불러서 하나님의 거룩한 백성으로 만드는 것으로 하나님의 프로젝트를 결행하셨던 것이다. 야곱은 자신의 부족함에도 하나님을 놓지 않고 붙잡으니 하나님이 야곱을 불러 이스라엘로 만들어 주신 것이다. 우리도 부족하지만 예수 그리스도 안에서 믿음을 붙잡고 하나님의 말씀을 의지하여 살면 하나님이 우리를 하나님의 사람으로 만들어 가실 것이다.

하나님은 야곱을 이스라엘로 바꿔주셨듯이 열둘 아들들에게 새 이름을 주시기 원하셨다. 태생이 어떻든지 우리 성도들은 하나님 안에서 예수 그리스도로 말미암아 새로운 이름을 갖게 된다. '용서받은 의인', '하나님의 자녀', '거룩한 백성', 성도라는 새 이름을 가지게 된다. 인간의 욕망으로 시작한 이름이라도 하나님의 약속을 이루는 이름으로 바꿔 주시는 하나님이시다. 열두 아들의 이름을 하나님의 새 이름으로 바꾼다면 어떤 뜻이 있을까요? 야곱의 열두 아들들의 이름 속에는 하나님이 예비하신 야곱의 소망적인 미래가 담겨져 있다.

야곱의 열두 아들의 이름을 간추린다면 다음과 같다. 르우벤은 '소망', 시므온은 '들으심', 레위는 '결속', 유다는 '유명(celebrated)', 단은 '심판', 납달리는 '나의 씨름', 아셀은 '복되다·행복하다', 잇사갈은 '보상', 스불론은 '함께 거함(dwelling)', 갓은 '군대가 온다', 요셉은 '더함', 베냐민은 '슬픔의 아들'이고 '오른손의 아들'이라는 뜻이다.

야곱에 관한 진실과 오해에 대한 평가

야곱 (이삭의 둘째아들)

제6장 야곱에 관한 진실과 오해에 대한 평가

　야곱에 대하여 학자들의 견해는 다양하다. 야곱을 혹평하는 학자들과 반대로 좋게 평가하는 학자들을 비교하면 거의 비슷하다.

　그러면 과연 야곱은 어떤 사람이었는가? 구약성경이 지적하는 대로 팥죽 한 그릇으로 장자의 명분을 가로채서 후에 두 배 이상의 유산을 받으려고 했던 약삭빠른 사람이었던가? 진정으로 아버지와 쌍둥이 형 에서를 속인 사기꾼이며 형을 속이고 보복이 두려워 멀리 피신한 비겁한 사람이었던가? 더욱이 삼촌에게 속아서 사랑하는 아내 라헬을 얻기 위해서 14년이나 고생한 어리석은 사람이었던가? 그리고 형 에서를 다시 만날 때 겁 많고 지나친 아부를 하는 모습을 보인 얌체 같은 교활한 사람이었나?

　위에서 지적한 사건과 내용으로만 가지고 야곱에 대한 진정한 평가가 가능한가? 몇천 년이 지난 현대에 살고 있는 우리도 같은 평가를 해야 하는가? 그러나 구약성경에 의하면 하나님은 이런 야곱을 이스라엘로 축복해 준 것에 대하여 다소 의아해하는 학자들도 있다. 우선 야곱에 대하여 진정한 평가를 내리려면 시대적으로 그 당시의 상황을 조사해 보는 것이 다소 도움이 될 수 있다.

이삭이 60세에 에서와 야곱 쌍둥이를 낳았다. 야곱이 아버지 이삭으로부터 장자의 축복을 받고 도망할 때 나이는 77세였으며, 야곱이 요셉을 낳은 해는 야곱이 91세였는데 야곱이 형 에서를 피해 밧단아람으로 온지 14년이 되는 해였다. 이때 아버지 이삭은 137세였고 그리고 이삭은 이 사건 이후에도 43년을 더 살다가 180세에 죽었다. 야곱이 형 에서를 다시 만나게 된 때는 가나안을 떠난 지 20년 후이므로 야곱의 나이는 97세였다.

위의 시대적 정황과 사건으로 볼 때 야곱은 장자권을 빼앗은 이후에는 속임수의 대가로 다른 나라에서 줄곧 고생만 했고 또 야곱이 형 에서를 다시 만났을 때는 97세의 노인으로 형 에서를 만나 무릎을 꿇고 진정으로 과거의 일에 대하여 깊은 사과를 하였던 것이다.
여기서 야곱이 20여 년 동안의 고생 끝에 다시 고향인 가나안으로 돌아오기까지 장인인 라반과 야곱 사이의 갈등에 대하여 몇 가지로 조사해 보고자 한다.

야곱은 라헬이 요셉을 낳자 자신의 집을 세워야 할 것을 생각하며 고향으로 돌아가게 해 달라고 라반에게 요청한다. 야곱의 소유가 늘어감에 따라 라반의 아들들이 자신들의 아버지의 소유를 야곱이 다 빼앗았다고 하는 말을 들었다. 라반의 양 떼에 비해 야곱의 양들이 계속 늘어나자 라반의 아들들은 야곱이 속임수를 써서 자기 아비의 소유를 빼돌린 것으로 여겼다. 그러나 야곱의 부의 증가는 실상 그의 땀 흘려 일한 노력의 대가였고, 또한 하나님이 축복하신 결과였다. 따라서 라반의 아들들 역시 그 아비 못지않게 탐심이 많은 자들이었음을 알 수 있다. 야곱이 거부가 됨으로 야곱은 물질적인 부와 사회적 명성을 누렸으나 오히려 이러한 것들이 라반을 생각할 때마다 야곱에게 중압감을 느끼게 했다. 그래서 야곱이 라반의 안색을 살피니 전과 같이 않았다. 이것은 야곱으로 하여금 그간 정든 하란 땅에 대한 미련을 버리게 함과 동시에 그를 고향으로 보내려는 하나님의 섭리임에 틀림없다. 이러한 역사는 아비 데라의 죽음을 통해 하란에서 아브라함을 이끌어 내셨고, 바로의 핍박을 통해 애굽에서 이스라엘을 이끌어 내신 섭리와 그 맥을 같이한다.

그때 하나님께서 야곱에게 "네 조상의 땅 네 족속에게로 돌아가라"고 말씀하시며 "내가 너와 함께 있으리라"고 약속하신다. 이것은 이곳으로 야곱의 길을 인도할 때처럼 이제는 귀향길을 돌봐 주시겠다는 20년 전의 벧엘 언약에 근거한 하나님의 자비로운 약속이다. 이처럼 하나님께서는 때가 차면 어느 곳에 있든지, 어떠한 방법을 통해서라도 자신과 언약을 맺은 백성을 잊지 않고 반드시 불러내신다. 이것은 오늘날 이 땅의 성도들에게 때가 차면 언젠가는 하늘 본향으로 돌아가야 한다는 사실을 상기시켜 준다. 야곱은 하나님의 말씀을 듣고 지금이야말로 고향으로 떠나야 할 때임을 결심하게 된다.

이에 야곱은 종을 보내어 자기의 아내 라헬과 레아를 자기의 양 떼가 있는 곳으로 불러낸다. 직접 찾아가지 않고 사람을 보내 부른 이유는 라반의 식구가 행여 엿들을 것을 염려했기 때문이다. 이동 장막 생활을 했던 근동 지방의 유목민들은 대개 한 가족 단위로 해서 양 떼를 나누어 관리했으며 또한 한 가족이라 할지라도 대부분 부녀자들이 있는 장막을 중심으로 서로 떨어져서 생활했음을 잘 나타내 주고 있다. 야곱은 자신의 고향으로 돌아가야 할 이유를 아내들에게 말한다. 야곱은 하나님을 '내 아버지의 하나님'이라 말하며 라반의 초라한 우상과 구별되는 하나님의 전능하심과 그 하나님께서 조상의 언약을 계승한 자신과 동행하시는 분임을 강조하며 자신의 신앙을 고백한다.

야곱은 구체적으로 자신의 성실함에도 불구하고 라반이 자신에게 행한 불성실한 일들을 말하며 하나님이 자신을 도우셔서 부를 이루게 되었음을 말한다. 야곱은 힘을 다하여 라반을 섬겼다. 이것은 야곱의 부요가 결코 까닭 없는 하나님의 축복의 결과만은 아님을 보여준다. '섬기다'라는 말은 종이 주인을 섬기는 행위를 일컫는 말로 야곱이 친척임을 빌미삼아 라반에게 불성실하게 대하거나 일을 조금도 소홀히 하지 않고 오히려 종 된 자로서 최선을 다해 라반을 섬겨 왔음을 나타내는 야곱의 진솔한 고백이다.

그런데 라반은 야곱의 성실함에도 불구하고 그를 열 번이나 야곱의 품삯을 변역했다. '열 번이나'는 단지 열 번이 아닌 '여러 차례' 내지는 '10'이란 숫자가 상징하듯이 '거의 매번'의 뜻으로, 라반의 불성실함이 어떠한지를 보여준다. 라반이 야곱의 임금 착취를 위해 원래의 약정(約定)을 임의로 변경하여 영구한 고용살이로 머물게 하려 한 것이다. 처음에 라반은 얼룩이나 점이 있는 모든 가축을 야곱에게 주리라 약속했다가 다시 규정을 고쳐 점 있는 한 부류로 국한했다가 또 번복하여 얼룩무늬로만 한정하였던 것이다. 그러나 하나님은 라반이 야곱을 해하지 못하게 보호하셨다. 거듭되는 라반의 술수 가운데서 야곱이 피해를 당하지 않도록 하나님께서 계속적으로 역사하시고 돌보신 것이다. 그 결과 하나님은 라반의 것을 빼앗아 야곱에게 주신 것이다. 즉 하나님께서 본래 야곱의 소유가 됨이 마땅한 것을 라반의 손에서 되찾아 야곱에게 돌려주었다는 것이다.

하나님은 야곱의 꿈에 나타나셔서 지혜를 주셨다. 이 꿈은 양들의 배태기(胚胎期)에 야곱에게 전해진 하나님의 계시로 그가 계획한 양들의 생식 문제 자체도 하나님의 주권적인 역사 아래 있음을 확신시

킴으로써 하나님을 더욱더 신앙토록 하는 데 그 목적이 있었다. 이 같은 꿈은 아마도 라반과 야곱 사이에 계약이 맺어진 직후부터 가축들이 새끼를 낳기 이전 사이의 어느 한 시점에 주어진 것 같다. 하나님은 벧엘 언약 후 야곱에게 지속적으로 나타나셔서 그의 발길을 인도해 주셨다. 꿈에 하나님의 사자가 야곱에게 "네 눈을 들어 보라"고 말씀하셨다. 하나님은 "라반이 네게 행한 모든 것을 내가 보았노라"고 말씀하신다.

하나님은 "나는 벧엘 하나님이라"고 말씀하신다. 이는 시간을 초월한 하나님이 도피 중인 야곱에게 나타나 언약을 맺은 장소인 그 벧엘을 20년이 지난 지금도 기억하시는 하나님이란 뜻으로 언약에 대한 하나님의 절대 불변의 신실성을 확증해 주는 선언이다. 하나님은 야곱이 벧엘에서 기둥에 기름을 붓고 하나님께 서원하였으므로 "지금 일어나 이곳을 떠나서 네 출생지로 돌아가라"고 말씀하신다. 이것은 신앙적인 결단은 항상 지금 이 순간이어야 함을 촉구하는 말이다. 왜냐하면 인생은 언제 하나님의 부르심을 받아 세상을 뜰지 모르는 그림자이자 안개이기 때문이다.

야곱의 말을 들은 라헬과 레아는 자신들이 라반의 집에서 무슨 분깃이나 유업이 있을 것인가라고 말한다. 이는 아들과는 달리 시집간 딸에게는 상속권이 주어지지 않던 근동의 보편적인 관습을 잘 드러내 준다. 라헬과 레아는 아버지 라반이 자신들을 야곱에게 팔고 자신들의 돈을 먹었으므로 자신들을 외인으로 여긴다고 말한다. 오늘날도 팔레스틴 아라비아인은 처녀의 부모에게 지불된 지참금 중 일부를 처녀의 혼인 밑천으로 사용한다. 또한 고대 앗수르 법에도 이 지참금을 신부 자신에게 지불하도록 규정되어 있다. 이러한 관례에 비추어 보면, 라반이 지참금으로 대치된 야곱의 노동력과 또한 그 노동력에 대한 부차적인 대가마저 몇 번이고 고친 것에 대한 딸들의 불평은 지극히 당연한 것이었음을 알 수 있다. 외인은 상관할 바 없는 낯선 외국인이란 뜻으로 여기서는 시집간 딸에 대한 라반의 철저한 무관심을 반영한다.

그러므로 하나님이 라반에게서 취한 재물은 자신들과 자식들의 것이 되게 하셨으므로 하나님께서 야곱에게 이르신 말을 다 행하라고 말한다. 하나님이 취하신 재물은 하나님이 라반에게서 빼앗아 야곱에게 돌려주신 재물이다. 라헬과 레아는 자신들의 아비 라반이 자신들에게 아무것도 주지 않으려고 했으나 하나님이 그것을 억지로 빼앗아 자신들에게 주셨으니 당연히 야곱과 함께 떠날 것을 말한다. 이처럼 라헬과 레아가 가나안으로 떠나자는 남편 야곱의 제의에 의외로 쉽게 동조한 이유는 14년에 걸친 야곱의 노동력 대가로 자신들이 팔렸다는 불만을 평소 품고 있었으며, 자신들을 딸로서가 아니라 철저히 출가한 외인으로서 취급하는 아비 라반의 태도를 볼 때, 더 이상 상속물에 대한 기대를 가질 수 없었고, 야곱이 번성하는 과정에서 느낀 하나님의 축복과 섭리를 어렴풋이나마 깨달았기 때문이다.

　야곱은 일어나 자식들과 아내들을 약대에 태우고, 얻은 재물과 짐승들을 이끌고 이삭에게 가려 한다. 이는 야곱이 하나님의 계시와 그 아내들의 동의에 힘을 얻어 단호히 귀향길에 오름을 강조한 표현이다. 야곱은 서둘러 온 가족과 짐승을 재촉하여 떠난 것이다. 때에 라반이 양털을 깎으러 갔으므로 라헬은 라반의 드라빔을 도적질하였다. 유목민들에게 양털을 깎는 일은 여러 날이 걸리는 큰 행사로서 친구들을 초청하는 등 큰 잔치를 벌여 축제 분위기를 일으킨다. 따라서 야곱은 자신들에 대한 감사의 눈길이 늦추어진 이 시기를 행동 개시일로 잡은 것이다. 라헬이 훔친 드라빔은 복을 구하고 점술 그리고 신탁 행위와 관련된 가정 수호신이다. 이 우상은 인간의 형상을 닮은 반신상(半身像)으로서 나무(삼상 19:13,14,15,16)나 은(삿 17:4)으로 만들어졌으며 작은 것에서부터 사람의 키와 맞먹는 큰 것에 이르기까지 종류가 다양하다. 최근 발견된 누지(Nuzi)서판에 의하면 이 드라빔을 소유한 자가 가장 큰 몫의 유산 상속을 받을 권리가 있었으며, 한 씨족 내의 지도권을 행사할 수 있었음이 밝혀졌다. 또한 유대 역사가인 요세푸스(Josephus)의 진술에 따르면 메소포타미아인들은 여행 시에 드라빔을 가지고 다니는 것이 일반적인 관습이었다고 한다. 따라서 라헬이 드라빔을 훔친 이유는 라반 사후(死

後) 남편 야곱에게 상속권이 있음을 보증하기 위함과 후대 사회에서
의 지도권 획득을 위한 포석(布石)으로서의 의미와 위험한 여행에서
의 안전을 기원키 위한 주술적인 목적 때문이었던 것 같다.

　야곱은 아람 사람 라반에게 고하지 않고 가만히 떠났다. 성경이
라반의 국적을 구태여 언급한 이유는 확실치 않으나 그 당시 아람
인 즉, 시리아인이 매우 교활한 민족으로 소문났었는데, 이제는 바
로 그 교활할 자가 그보다 영악한 자에게 농락을 당하는 아이러니컬
(Ironical)한 모습을 묘사하기 위함인 것 같다. 야곱은 강을 건너 길
르앗산으로 향해 도망갔다. 이 강은 성경에서 자주 큰 강으로 언급
되는 '유프라테스강'의 북부 상류를 가리킨다. 야곱 일행이 도망간
후 삼일 만에 라반의 귀에 들린 것은 원래 야곱과 라반 사이에 떨어
진 거리가 사흘 길이었기 때문이다. 라반은 그 형제를 거느리고 칠
일 길을 쫓아가 길르앗산에서 야곱을 만났다. 야곱이 도주한 지 10
일째 되는 날 비로소 라반 가신(家臣)들과 친족으로 구성된 임시 추
격대를 이끌고 밧단아람에서 약 480km 떨어진 길르앗산에 당도할
수 있었다. 이는 하루에 약 70km의 속도로 7일간 매우 빠르게 추격
해 온 것으로 라반의 마음이 얼마나 맹렬한 분노로 불타고 있었는지
를 보여 준다. 따라서 야곱은 20년간의 천신만고(千辛萬苦) 고생 끝에
얻은 재산뿐 아니라 생명까지도 잃어버릴 위험에 봉착하였다. 야곱
이 이처럼 추격당할 수밖에 없었던 이유는 자신의 무리들의 기동성

문제와 길르앗 산지의 험준함 때문에 빠른 속도로 전진하지 못했기 때문이었다.

밤에 하나님이 라반에게 현몽하여 "너는 삼가 야곱에게 선악 간에 말하지 말라"고 말씀하신다. 하나님이 긴급하고도 초자연적으로 개입하시어 야곱이 덜미 잡히기 전날 밤 하나님께서는 라반의 꿈을 통하여 야곱의 안전을 지시하신 것이다. '선악 간 말하지 말라'는 말은 야곱에게 어떤 해로운 행위도 하지 말고 그대로 보내라는 하나님의 경고의 말씀이다.

라반이 야곱의 장막 친 곳에 이르러 그곳에 장막을 쳤다. 장막을 '쳤다'는 말은 '땅에 무엇을 고정시켰다', '말뚝을 박았다'는 등의 뜻으로, 이는 야곱이 라반의 영향권에서 완전히 벗어난 것으로 알아 며칠의 휴식을 위해 바쁜 탈주 걸음을 멈추었음을 암시한다. 라반은 야곱에게 말한다. "네가 내게 알리지도 않고 가만히 내 딸들을 칼로 잡은 자같이 끌고 갔는가?" 이는 '강제로 끌려가는 전쟁 포로처럼 끌고 갔는가'라는 의미다. 그러나 라반의 이 말은 사실 무근한 트집이다. 왜냐하면 야곱은 노동의 대가로 라반의 딸들과 합법적으로 결혼하였으며, 그녀들 역시 자발적으로 야곱을 따라나섰기 때문이다.

라반은 자신이 즐거움으로 야곱의 일행을 보내지 못함에 대한 불만을 말한다. 고대 근동에서는 가족 중 임종을 앞둔 자나 혹은 먼 여행을 떠나는 자에게 번영과 승리를 기원하는 축원과 함께 애정 어린 포옹으로 엄숙한 작별 의식을 행하는 관습이 있었다. 그러나 오랜 체험을 통하여 라반의 인간성을 익히 잘 알고 있었던 야곱에게 신의를 저버렸다는 라반의 도의적 책망이 진심으로 들렸을 리는 만무하다. 라반은 야곱이 손자들과 딸들에게 입 맞추지 못하게 했다고 비난한다. 작별의 정을 운운하는 이 말 역시 라반의 거짓된 자기변명으로 매도할 수 있겠으나, 혈육에 대한 본능적이고 애틋한 사랑이라는 점에서 어느 정도 진실된 주장이라 할 수 있다. 단순히 우둔한 행동을 꼬집는 것이 아니라 라반 자신에게 매우 불쾌하고 못마땅하다는 사실을 강조한 말이기도 하다.

라반은 야곱을 해할 만한 능력이 있으나, 야곱의 아버지의 하나님이 어젯밤 자신에게 선악 간의 말을 하지 말라고 하셨기 때문에 하지 않는다고 말한다. 이는 야곱의 생사(生死)를 좌지우지할 수 있는 권한과 힘이 자신에게 있다는 라반의 허풍에 찬 말이다. 라반은 야곱이 아비의 집을 사모하여 돌아가는 것은 가하지만, 어찌 자신의 신을 도적질했는가 묻는다. 사모하다는 말은 고향에 대한 그리움으로 얼굴이 창백해질 만큼 수척해진 것을 의미한다. '어찌 내 신을 도적질하였느냐'는 말은 라반이 격분하여 먼 길을 재빨리 추격해 온 가장 큰 이유 중 하나이다. 여기서 신(神)은 드라빔을 말하는데 이것을 도난당하였다는 라반의 말은 우상의 무력함을 여실히 입증하고 있다. 이것이 라반에게 중요한 이유는 조상 대대로 섬겨 온 가정 수호 신상이자 자식들에게 합법적으로 재산을 상속시킬 수 있는 근거가 되기 때문이다.

야곱은 라반이 자신의 아내들을 빼앗을까 두려워하였기 때문이라고 대답한다. 야곱이 몰래 떠나야만 했던 동기인 두려움은 피해의식에 젖어 있던 라반 식구의 복수심이 언제 터질지 모른다는 강박관념과 변덕스러운 라반이 불원 중에 그 가족에 대한 소유권을 주장하여 행여 처자를 빼앗을지도 모른다는 위기의식에서 발단된 것이다. 그러나 드라빔은 누구에게서 찾든지 '그는 살지 못할 것'이라고 말한다. 고대 함무라비(Hammurabi) 법전에 의하면 남의 신(神)을 훔친 자는 사형이 처하도록 규정되어 있었다. 따라서 야곱이 비록 자신의 무죄함에 집착한 나머지 이런 말을 했다고는 하나 그것은 분명 경솔한 발언이었다. 왜냐하면 그 결과 그는 드라빔을 훔쳤던 아내 라헬을 출산 중 잃는 슬픔을 겪어야만 했기 때문이다.

라반은 드라빔을 찾기 위해 야곱과 레아와 여종들의 장막을 뒤졌으나 찾지 못한다. 라반은 잃어버린 가족들을 찾기 위해 야곱의 양떼를 뒤진 것이 아니라 잃어버린 신을 찾아 헤매었다. 이러한 행위는 우상숭배자 미가의 말처럼 "네가 내 신을 취해 갔으니 내게 오히려 있는 것이 무엇인가"와 같은 우상을 향한 라반의 강한 집착을 보여준다. 라반은 라헬의 장막에도 들어갔으나 라헬은 드라빔을 약대의 안장 밑에 감추고 그곳에 앉아 있었으므로 찾지 못한다. 고대 근동 지방에서는 장거리 여행 시 약대(낙타)를 많이 사용했었는데 그약대의 등 위에는 따로 분리하여 의자로도 충분히 사용할 수 있는 요람 모양의 안장을 부착했다. 특히 여인들의 안장에는 카페트 등으로 쿠션을 주어 장거리 여행에 아무 지장이 없게 했으며 또한 지붕과 양사면에 차양(遮陽)을 쳐 태양과 모래, 바람을 막았다고 한다. 라헬은 자신에게 "마침 경수가 나므로" 라반을 맞이할 수 없다고 말한다. 모세 율법 이전에도 여인의 월경은 부정한 것으로 간주되어 그기간 중에 있는 여인은 종교 의식의 불참은 물론 외부와의 접촉마저금지되었다. 라반이 구태여 라헬을 조사하지 않은 이유도 바로 여기에 있었으니 곧 양털 깎는 축제 기간 중 여인의 부정으로 인해 더럽혀지는 것을 꺼렸기 때문이며, 또한 감히 경수하는 여자가 가정의수호신인 드라빔을 깔고 앉았으리라고는 상상도 못했기 때문이다. 아무튼 월경 중에 있는 부정한 여인의 밑에 수호신이 깔렸다는 것은우상의 무력함과 헛됨을 여지없이 폭로해 준다.

야곱은 라반이 아무것도 발견치 못하자 노하여 라반을 책망한다. 이것은 야곱의 분한 정도가 극도에 달했음을 암시한다. 책망은 일방적인 꾸짖음이라기보다 서로의 허물을 힐책하며 다투는 언쟁을 가리킨다. 야곱은 라반을 대척하여 "나의 허물이 무엇이냐"고 묻는다. '대척하여'는 기세가 등등하여 많은 말로 항변하다는 뜻이다. 야곱이 라반에게 자신을 불같이 쫓았느냐고 반문한 것은 왜 자신을 죄인을 쫓아다니듯이 '내 뒤를 열심히 추적하나이까'란 뜻이다. 야곱은 마치 범죄인처럼 취급을 당하던 차에 라반 일행이 드라빔을 찾아내지 못하자 추적을 당하고 비난을 받으며 검색을 당한 자신의 처지를 생각하고 참았던 울분을 터뜨리며 주위의 친척들에게 정당한 판결을 받기 원한다. 결국 라반은 먼 길을 쫓아와 도리어 무안만 당하게 되었다.

야곱은 계속하여 라반에게 자신이 이십 년 동안 라반의 가축을 돌볼 때 낙태하지 아니하였다고 말한다. 이것은 야곱이 성심 성의껏 양들을 돌보아 모두 건강하도록 했다는 뜻이다. 또 야곱은 숫양을 내가 먹지 아니하였다고 말한다. 이것은 암양은 고사하고 관례적으로 목자에게 허락되는 숫양 한 마리조차 잡아먹지 아니했다는 것이다. 야곱은 물려 찢긴 것을 라반에게 가져가지 않았음을 말한다. 그 당시 주로 방목에 의존했기 때문에 야생 동물들의 습격이 잦았다. 여기서 '찢긴 것'이란 맹수에게 습격당한 양을 뺏기지 않기 위해 그 맹수와 맞서 싸웠다는 좋은 증거가 된다. 야곱은 찢긴 것을 다 물어내었다. 즉 이는 라반이 잃어버린 양에 대한 배상을 일일이 청구했음을 나타낸다. 야곱은 낮의 더위와 밤의 추위를 무릅썼다. 하란은 아라비아 사막의 북쪽에 위치했기 때문에 낮과 밤의 일교차(日較差)

가 극심했다. 그렇기 때문에 이 말은 인간의 한계를 벗어날 정도의 혹독한 더위와 추위 속에 몸서리쳤던 야곱의 북받친 감정을 잘 드러내 준다. 여기서 '더위'란 땅이 말라 갈라질 정도의 한재와 그러한 폭염 및 열기를 가리키며, '추위'는 얼음을 나타내는 말로써 영하의 날씨를 암시한다.

야곱은 그런 환경 속에서 자신이 라반의 가축을 돌보았는데도 라반은 자신의 품삯을 열 번이나 변역했으나 하나님께서 자신과 함께하심으로 자신의 고난과 수고를 돌아보셨다고 말한다. 야곱은 그의 조상들의 삶을 인도하셨고 또한 그 조상들이 섬겼던 전능하신 하나님(엘로힘)을 언급하며 자신의 오늘이 바로 그분의 돌보심 때문임을 강조하였다. 하나님이 야곱과 함께 계신 것이 20년간의 역경 속에서 견딜 수 있었던 야곱의 최대의 자원이었다. 야곱을 지켜주셨던 하나님은 어젯밤에 라반을 책망하셨던 것이다. 하나님은 심판의 하나님으로서 언제나 하나님의 공의를 따라서 판단하실 것이다. 그때 모든 사람들의 선과 악이 판단될 것이다.

하나님만 의뢰하던 야곱이 라반의 집에서 도망치는 모습은 비겁한 것처럼 보이지만, 하나님이 야곱과 함께하시고 그를 보호하신 것은 분명하다. 라반이 야곱을 따라와서 항변을 해도 결국 야곱의 진실성만이 드러날 뿐 라반은 하나님의 판단 아래 자신의 궁색한 변명을 늘어놓을 뿐이다. 야곱이 라반의 집을 떠날 때 그의 아내들이 동의한 것은 야곱의 성실함에도 불구하고 아버지 라반이 남편 야곱을 몇 번이고 속였으나, 하나님이 야곱을 축복하시는 것을 보았기 때문이다. 하나님의 백성들은 하나님의 보호하심과 축복을 받는 모습을 통하여 세상 사람들에게 하나님의 살아계심을 증거한다. 그러므로 성도는 하나님의 백성으로서 정직하게 살면서 자신을 통하여 하나님의 축복이 주변에 나타나도록 믿음으로 살아야 한다. 성도의 이러한 생활은 주변 사람들에게 하나님을 증거하는 것이요, 하나님 나라를 확장하는 것이다.

야곱에 대한 오해의 평가와는 다르게 구약성경은 반대로 야곱에 대하여 좋게 평가했다. 야곱은 조용한 사람으로 장막에 거주했다고 기록하고 있는데 여기서 "조용한"이라는 평가와 "장막에 거주하니"라는 단어를 분석해 보면 다음과 같다. "조용한"에 해당하는 히브리어 단어는 '탐'인데 이는 '완벽한, 완전한, 건강한, 건전한, 도덕적으로 순결한, 무흠한'의 의미로 욥 1:1에서도 욥을 평가할 때 "온전하고"라고 번역된 단어이다. 또한 창 6:9에서 노아에 대하여 평가할 때 "완전한(타밈)"이라는 단어와 어원이 동일한 단어이다. 즉 야곱은 하나님 앞에서 '온전하고 완전한' 사람이었다는 것을 의미한다. 그렇다면 왜 '조용한'으로 번역하였을까? 필자의 추측으로는, 아마도 에서가 사냥꾼이었으므로 들사람이 되었다는 사실과 대별하기 위한 단어 선택이었을 것으로 생각한다.

겉으로 보기에는 동생 야곱에게 속아 장자의 축복을 해 주었던 아
버지 이삭은 야곱이 형 에서를 피해 도망할 때 하나님께서 아브라함
에게 허락하신 복을 야곱과 그의 자손에게 주시기를 축복하는 장면
이 나온다. 야곱이 장자권을 가로챈 것과 상관없이 이삭은 야곱에
게 축복하지 않을 수 없었다. 이삭이 장자권을 다시 에서에게 돌려
줄 수도 있었다. 그러나 에서가 야곱에게 약속한 것을 이삭은 지키
지 않을 수 없었다. 야곱의 장자권 쟁탈전에서 시작은 교활한 것 같
았으나 결과에 대하여는 야곱은 어떻게 할 처지가 못 되었다.

더욱이 야곱이 브엘세바에서 떠나 하란으로 도망하는 여정 가운
데서도 하나님께서는 야곱에게 나타나셔서 책망이 아니라 복을 주
시는데, 아브라함에게 주셨던 축복 그대로, 땅을 주시겠다는 약속과
“땅의 모든 족속이 너와 네 자손으로 말미암아 복을 받으리라” 는
축복도 아울러 주셨다. 야곱이 밧단아람에 20년간 있을 때에도 아
들들과 소유를 풍족하게 복을 주셨으며 야곱이 가나안으로 돌아오
는 길에 하나님께서는 야곱에게 나타나셔서(천사를 보내어) “이스라
엘”이라는 이름으로 개명시켜 주시기도 했다

결과적으로 야곱에 대한 오해와 이해가 있는 것은 당연하다. 어떻
게 보면 야곱은 비겁하고 야비한 사람이 아니라, 하나님 앞에서 온
전하고 하나님 말씀을 공부하며 지키는 사람이었을 수도 있다. 하
나님께서는 아브라함에게 주셨던 하나님의 언약을 야곱에게 주시

고 그 이름을 이스라엘이라고 개명시켜 주신 것을 보았을 때 야곱을 아브라함과 아버지 이삭의 대를 잇는 족장으로 하나님은 세우신 것이다. 그러므로 이러한 맥락에서 야곱을 평가해야 한다. 장자권 매입과 장자의 축복을 가로챈 것은 "큰 자가 어린 자를 섬기리라"(창 25:23)는 예언의 성취이다. 밧단아람에서 야곱에게 주신 복을 고려해보면, 외삼촌 라반의 여러 차례의 속임이 야곱에게 내려진 징벌이라기보다 이를 통해 야곱의 온유한 성품을 드러나게 해 준다. 형 에서와의 재회에서, 97세 야곱의 절박한 상황과 그 심중을 통하여 야곱은 오직 하나님만 바라보는 온전한 신앙의 모습을 보여주었던 사람이었음을 말하고 있는 것이다. 야곱, 그는 하나님의 예정대로 이스라엘이라는 별명을 가진 마지막 족장이 되었다.

라반과 리브가와 야곱과의 관계

라반 (리브가의 오빠, 야곱의 외삼촌)

제7장 라반과 리브가와 야곱과의 관계

　라반은 창세기에 등장하는 인물로, 야곱과의 관계를 통해 성경에서 중요한 역할을 한다. 그는 야곱의 외삼촌이자 라반은 창세기에 등장하는 인물로, 야곱과의 관계를 통해 성경에서 중요한 역할을 한다. 그는 야곱의 외삼촌이자 레아와 라헬의 아버지로, 가족 내 갈등과 하나님의 섭리를 드러내는 사건의 중심에 서 있었다. 라반은 교활한 성격과 세속적인 욕망을 가진 인물로 묘사되지만, 그러나 그의 이야기는 하나님의 약속이 어떻게 이루어지는지를 보여준다.

　라반의 첫 등장은 그의 여동생 리브가가 엘리에셀과 만나는 장면에서 나타난다. 엘리에셀은 아브라함의 종으로, 이삭의 아내를 찾기 위해 아브라함의 고향으로 파견되었다. 엘리에셀이 리브가에게 선물을 주었을 때, 라반은 재물을 보고 관심을 보이며 그를 환대한다. "리브가에게 오라비가 있어 그의 이름은 라반이라. 그가 달려가서 그 사람에게로 갔으니, 여호와의 샘 곁에 서 있는 그 사람에게로 갔더라. 라반이 이르되, ‘여호와께 복을 받은 자여 들어오소서. 어찌하여 밖에 서 있으리이까? 내가 방과 낙타의 처소를 준비하였노라.’” 이 장면에서 라반은 환대의 모습을 보이지만, 동시에 그의 세속적인 성격이 드러난다. 그가 엘리에셀이 가져온 귀금속에 관심을 보인 것은 재물에 대한 욕망을 암시한다.

라반의 주요 이야기는 야곱과의 관계에서 펼쳐진다. 야곱은 형 에서의 분노를 피해 라반의 집으로 도망쳤고, 그곳에서 라반을 처음으로 만났다. 라반은 조카인 야곱을 환대하며 그의 노동력을 이용하기 위한 계획을 세운다. “라반이 그의 생질 야곱의 소식을 듣고 달려가서 그를 영접하여 안고 입 맞추며 자기 집으로 데려가서 야곱이 자기의 모든 일을 말하매, 라반이 이르되, ‘너는 참으로 내 혈육이로다.’ 하니라.” 라반은 야곱에게 자신의 딸들 중 한 명과 결혼할 수 있도록 제안하며, 이를 위한 조건으로 7년간의 노동을 요구한다. 야곱은 라반의 딸 라헬을 사랑했기 때문에, 그녀와 결혼하기 위해 7년 동안 라반의 집에서 일한다. 그러나 결혼식 날 밤, 라반은 라헬 대신 레아를 야곱에게 아내로 준다. 라반의 이 행동은 그의 교활함과 이기심을 잘 보여준다. 실제로 레아는 라헬만큼 아름다워 보이지는 않은 것 같다. 그러므로 처음부터 레아 대신 라헬을 원했던 것이다. “아침에 보니 레아라. 야곱이 라반에게 이르되, ‘외삼촌이 어찌하여 내게 이같이 행하셨나이까? 내가 라헬을 위하여 외삼촌을 섬기지 아니하였나이까? 외삼촌이 나를 속이심은 어찌됨이니이까?' 라반이 이르되, '언니보다 아우를 먼저 주는 것은 우리 지방에서 하지 아니하는 바라. 이를 위하여 칠 일을 채우라. 우리가 그도 네게 주리니, 네가 또 나를 칠 년 동안 섬길지니라.'" 라반은 지역의 관습을 핑계로 자신의 계획을 정당화하며, 야곱에게 추가로 7년간의 노동을 요구한다. 이는 라반이 자신의 이익을 위해 가족조차 이용할 수 있는 인물임을 보여준다.

야곱은 라반의 집에서 14년을 일하며, 레아와 라헬 두 아내와 여러 자녀를 얻는다. 이후 그는 라반에게 자신만의 재산을 쌓을 기회를 요구하며, 자신의 노동에 대한 보상을 요구한다. 라반은 야곱에게 양과 염소 중 특정한 색의 가축만을 임금으로 주겠다고 제안하며, 이를 통해 야곱을 착취하려 한다. "야곱이 이르되, '내가 무엇을 외삼촌께 드리리이까?' 라반이 이르되, '네가 내게 줄 것은 없느니라. 다만 네가 내 말을 따라 이렇게 하라. 내가 외삼촌의 양 떼를 먹이고 지키리이다.'" 그러나 하나님은 야곱에게 지혜를 주어, 그의 가축이 번성하도록 축복하신다. 결국 야곱은 많은 재산을 모으며, 라반보다 부유하게 된다. 야곱이 부유해지자, 라반의 아들들은 그를 질투하기 시작했다. 라반 역시 야곱에게 적대적인 태도를 보이며, 둘 사이의 갈등이 고조된다. 이에 야곱은 가족과 재산을 데리고 라반의 집을 떠난다. "여호와께서 야곱에게 이르시되, '네 조상의 땅 네 족속에게로 돌아가라. 내가 너와 함께 있으리라.'" 라반은 야곱을 추격하지만, 하나님께서 그에게 개입하셔서 야곱을 해치지 못하도록 경고하신다. 결국 라반과 야곱은 화해하며 언약을 맺는다. "여호와께서 너와 나 사이를 살피시나니, 우리가 서로 떠나 있을 때에라도 내가 내 딸들에게 학대하지 아니하며, 네가 내 딸들 외에 다른 아내를 취하지 아니하면 좋으리라. 사람이 우리와 함께하지 아니하나 하나님은 우리 사이를 증언하시느니라." 라반의 이야기는 복잡한 성격을 가진 인간의 본성을 보여준다. 그는 가족을 이용하며 자신의 이익을 추구했지만, 하나님의 섭리는 이러한 상황에서도 야곱을 축복하고 그의 약속을 이루셨다.

이 이야기를 통해서 얻을 수 있는 교훈은 (1) 인간의 교활함이다. 라반의 행동은 인간의 욕심과 교활함을 잘 보여준다. 그는 자신의 이익을 위해 속임수를 사용했지만, 결국 하나님의 계획을 방해할 수 없었다. (2) 하나님의 약속과 보호이다. 야곱은 라반의 착취와 속임수에도 불구하고, 하나님의 보호와 축복을 받았다. 이는 우리가 어려운 상황에서도 하나님의 신실하심을 신뢰해야 함을 상기시켜 준다. (3) 화해의 중요성이다. 라반과 야곱의 마지막 만남은 갈등을 해결하고 화해하는 모습을 보여준다. 이는 인간관계에서 화해와 평화가 얼마나 중요한지를 가르쳐준다.

결과적으로 라반은 성경에서 교활하고 세속적인 인물로 묘사되지만, 그의 이야기는 하나님의 섭리가 어떻게 인간의 약점을 뛰어넘어 이루어지는지를 보여준다. 라반과 야곱의 관계를 통해 우리는 하나님께서 자신의 약속을 신실하게 이루시는 분임을 배우게 된다. "이는 하늘이 땅보다 높음 같이, 내 길은 너희의 길보다 높으며, 내 생각은 너희의 생각보다 높음이니라." 라반의 이야기는 우리의 부족함에도 불구하고 하나님의 뜻이 이루어진다는 믿음을 심어준다. 이는 우리가 어려움 속에서도 하나님의 섭리를 신뢰하며 살아가야 함을 상기시켜 준다.

아브라함의 아들 이스마엘과
아브라함의 손자 에서와의 관계

리브가 (이삭의 부인)

제8장 아브라함의 아들 이스마엘과 아브라함의 손자 에서와의 관계

구약성경에서 에서와 이스마엘은 서로 다른 시대와 배경에 등장하지만, 몇 가지 중요한 연관성을 가지고 있다. 이 두 인물은 각각 아브라함의 손자와 아들로, 아브라함의 혈통에 속하나 하나님의 언약에 속하지 못하고 언약의 계보 밖에서 중요한 역할을 인물들이다.

첫째로 혈통관계이다. 이스마엘은 아브라함과 그의 여종 하갈 사이에서 태어난 아브라함의 첫 아들이다(창세기 16장). 그 후 그는 아랍 민족의 조상이 되었다. 반면에 에서는 이삭과 리브가의 첫째 아들로, 아브라함의 손자이다. 그는 후에 에돔 민족의 조상이 되었다. 두 사람은 모두 아브라함의 후손이지만, 하나님의 언약 계보에서는 배제된 불행한 인물들이다. 이스마엘의 경우는 하나님의 중요한 언약이 그의 동생 이삭을 통해 이어졌고, 에서의 경우는 동생 야곱이 하나님의 언약을 계승하게 되었다.

둘째로 언약관계이다. 이스마엘과 에서는 모두 하나님의 언약의
계보에서 제외된 인물들이라는 공통점이 있다. 하나님의 언약은 이
삭을 통해 이어졌고, 이스마엘은 언약의 자손이 아니었다. 그러나
하나님은 이스마엘에게도 큰 민족을 이루겠다고 약속하셨다. 에서
역시 장자로서의 권리를 가졌지만, 장자권과 언약의 축복은 동생 야
곱에게로 넘어갔다. 성경은 이를 하나님의 선택(로마서 9:11-13)으
로 설명한다. 이 둘은 언약에서 배제되었지만, 각각 아랍 민족과 에
돔 민족의 조상이 되어 하나님의 계획 속에서 중요한 역할을 한 것
을 성경은 증명하고 있다.

셋째로 그들의 결혼과 후손들의 관계이다. 이스마엘과 에서의 연
관성은 결혼 관계에서도 드러나고 있다. 에서가 이스마엘의 딸을 아
내로 맞이한 사건은 두 사람의 가문을 직접적으로 연결 지어 언약에
서 배제된 민족끼리의 연합이다. 에서는 부모인 이삭과 리브가를 기
쁘게 하지 못한 가나안 여인들과 결혼한 후(창세기 26:34-35), 더 나
아가서 에서가 이스마엘의 딸 마할랏(또는 바스맛)과 결혼함으로써
(창세기 28:9) 에서는 이스마엘의 가문과 친척이 되었다. 이 결혼은
에서가 아브라함의 다른 후손인 이스마엘의 혈통과 연합했다는 점
에서 상징적 의미를 가진다.

넷째로 이스마엘과 에서는 독립적인 민족의 조상이 되었다. 이스

마엘과 에서는 각각 독립적인 민족의 조상이 되어, 언약의 계보에서 벗어난 민족들을 형성했다. 이스마엘은 열두 아들을 통해 아랍 민족의 기원이 되었고(창세기 25:12-18), 그 후손들은 광야 지역에서 번성하며 독립적인 삶을 살았다. 에서는 에돔 지역에 정착하여 에돔 족속의 조상이 되었으며(창세기 36장), 에돔은 이스라엘과 가까운 관계를 유지하면서도 때로는 갈등과 대립을 겪는 민족이 되었다. 역사적으로 이 두 민족은 아브라함의 후손으로서 중동 지역의 역사와 갈등에 중요한 역할을 감당하게 되었다.

다섯째로 영적인 교훈과 상징성이다. 성경에서 이스마엘과 에서는 아브라함으로부터 육체적 혈통에 국한되었고 하나님과 그의 백성과의 약속인 언약에서는 제외되었다. 이스마엘은 하나님의 약속을 인간적 방법으로 이루려는 시도의 결과로 태어났고 언약에서도 배제되었으나 그에게도 하나님의 축복은 임했다. 이는 육체적 노력과 인간적 방법의 한계를 보여주는 상징이다. 에서는 장자권을 가진 자로서 언약의 계승자가 될 수 있었으나 불행하게도 하나님의 선택에 따라 동생 야곱이 언약을 이어받게 되었다. 이것은 하나님의 주권적 선택과 믿음의 계보의 중요성을 말하는 것이다.

여섯째로 이스마엘과 에서가 겪었던 갈등이다. 두 인물 모두 동생과의 갈등을 경험했다. 이스마엘은 이삭과의 갈등으로 인해 어머니 하갈과 함께 추방되었고, 에서는 동생 야곱과의 충돌로 인해 동생에게 장자권과 축복을 빼앗겼다. 그러나 두 사람 모두 하나님의 보호와 축복을 받으며 독립적인 삶을 살았다. 이스마엘은 광야에서 자립했고, 에서는 에돔 땅에서 번성했다.

일곱째로 이스라엘과의 관계이다. 이스마엘과 에서의 후손은 이스라엘 민족과 역사적으로 갈등과 협력을 반복해 왔다. 이스마엘의 후손(아랍 민족)들은 이스라엘과 무역과 전쟁을 통해 교류했으며, 오늘날까지 중동 지역에서 중요한 민족적 역할을 하고 있다. 에서의 후손(에돔 민족) 역시 출애굽 당시 이스라엘 백성에게 통과를 허락하지 않아 갈등을 빚었으며(민수기 20:14-21), 이후에도 이스라엘과 여러 번 전쟁을 치렀다. 그러나 성경은 에돔을 형제로 간주하며 그들을 존중하라는 명령도 기록하고 있다(신명기 23:7).

이스마엘과 에서는 각각 아브라함의 아들과 손자로서, 언약의 계보에서 배제된 자들이지만 하나님의 축복 속에서 중요한 역할을 맡았다. 두 인물은 언약 밖에서 독립적인 민족의 조상이 되었고, 이스라엘과의 갈등과 관계를 통해 성경의 구속 역사에서 의미 있는 위치를 차지하였다. 이들의 생애와 후손은 하나님의 약속이 단지 특정한 계보에 국한되지 않고, 모든 민족에게 확장될 수 있음을 보여준다.

중동전쟁이 4000년이 지나도 해결할 수 없는 '이삭'과 '이스마엘'

후손들의 전쟁으로 비화하고 말았다. 이것은 후손들의 문제라기보다 아브라함이 첩 하갈을 통해서 이스마엘을 낳을 때 하나님이 이미 예언했던 사실에 기초하고 있다.

창세기에는 우리가 쉽게 확인할 수 있는 '예언'이 또 하나 있는데, 그것은 '이삭'과 형인 '이스마엘'의 관계에서 찾아볼 수 있다. 하나님은 아브라함에게 하란을 떠날 때 후손에 대한 약속을 하셨는데, '우르'를 나온 지 약 10여 년간의 세월이 흘러도 고대하던 후손이 태어나지 않게 되자, '사라'와 '아브라함'은 하나님의 말씀의 '신실성'을 믿기보다 인간적인 생각을 선택하게 된다. 그래서 우르를 나온 지 11년쯤에 육신의 자녀인 '이스마엘'을 보게 된다. 한 가지 흥미로운 사실은 하나님이 아브라함에게 말씀하신 후손이 '하늘의 별'과 같은 후손이거나, '바닷가의 모래' 같은 후손이거나, '땅의 티끌' 같은 후손으로 구분이 된다는 점이다.

약속의 자녀인 '이삭'은 이스마엘이 태어난 뒤 14년이 지나서, 하란을 떠나온 지 약 25년이 지나서야 보게 되는데, 이삭이 젖을 떼는 날에 이스마엘의 '희롱'(히: 짜하크-비웃다, 조롱하다, 조소하다)을 받게 되었다. '장자권'을 상실한 이집트 여인의 소생인 이스마엘이, 이삭을 희롱한 사건이 훗날의 두 후손들에 대한 '예표'가 되는데, 장차 이집트에서 이스라엘이 당할 400년간의 핍박 생활을 상징하기도

하며, 그 이후의 지금까지 이스라엘과 이스마엘의 후손들의 대립 관계를 미리 말해 주고 있기도 하다.

이스마엘의 후손인 오늘날의 아랍인들(이슬람권)은 아브라함의 장자는 '이스마엘'이며 자신들이 아브라함의 약속의 자녀들이라 주장한다. 그리고 구약성경은 유대인들에 의해 많은 부분들이 조작되었다고 강조한다. 이스라엘 역시 성경을 내세우며 자신들의 땅에 대한 권리를 계속 주장하고 있다. 이 두 형제 집안의 '4천 년'이 넘는 길고 오래된 싸움은 앞으로도 해결될 가능성은 없다고 보이는데, 이는 양측이 절대적인 의미를 부여하고, 신성시 여기는 '경전들'이 가르치는 바가 판이하게 차이가 나기 때문이다. 현재 아랍국가인 '사우디아라비아'는 국기에 코란의 글귀와 칼을 그려 놓고 있는데, 이는 사우디의 초대 국왕인 이븐 사우드의 '승리'를 나타낸다고 하지만, 한 손에는 '코란' 한 손에는 '칼'을 들었던 이슬람의 '성격'과 무관하지 않을 것으로 여겨진다.

또한 창세기 16장 12절에 "그가 사람 중에 들나귀 같이 되리니 그의 손이 모든 사람을 치겠고 모든 사람의 손이 그를 칠지며 그가 모든 형제와 대항해서 살리라"라는 구절이 있는데 이는 이스마엘과 그 후손에 대한 예언으로 이슬람의 '호전성'을 예언한 것이며, 이스마엘과 섞이기도 한 '에서'의 후손들을 향한 예언인 창세기 27: 40

절의 "너는 칼을 믿고 생활하겠고"와도 어느 정도 연관이 있는 것이다. 신약성경에는 이삭과 이스마엘의 관계를 육체를 따라 난 자가 성령으로 난 자를 핍박한 것으로 설명하고 있으며 신실한 성도들과 성도들을 핍박하는 자들에 대한 해석으로 여기고 있다. 끝으로 하나님이 주신 위의 예언들은 '이스마엘 민족'과 '역사'에 관한 예언일 뿐이며 이스마엘 후손 '개개인의 구원'까지 제한한 것은 아님을 성경은 말해주고 있다.

제9장

하갈과 이스마엘에 대한 재평가

이스마엘 (아브라함의 아들, 하갈에서 난 아들)

제9장 하갈과 이스마엘에 대한 재평가

　최근 중동전쟁이 악화되는 영향 때문인지 아니면 이스라엘이 가자 지방을 위시한 아랍국가에 대한 지나친 무력 압력에 대한 반항의 결과인지 모르나 개신교 학자들 간에는 아브라함의 첩인 하갈과 아들인 이스마엘에 대한 재평가가 고개를 들고 있다. 특히 창세기 16장과 21장에 대한 재해석이 주목을 받고 있다. 이 본문은 사라와 하갈, 두 여자 간의 갈등을 중심으로 이야기가 시작되고 있다. 사라는 자식을 낳을 수 없는 몸이었기 때문에 하갈로 하여금 자신을 대신해서 아들을 낳도록 한다. 16장은 하갈이 아들을 낳은 후 두 여인의 갈등을, 21장은 시간이 더 흐른 후 사라 자신의 아들 이삭이 태어난 후의 갈등을 다루고 있다.

　그런데 사라와 하갈의 이야기를 성서에 근거해서 연구하다 보면 의문점이 생긴다. 자신의 아들과 아들의 어미를 내쫓는 아브라함과, 자신의 아들을 대신 낳아준 종을 쫓아내는 사라의 행동을 이상하게 보기는커녕 너무나 당연하게 받아들이고 있기 때문이다. 이것은 그 동안 이 본문을 아브라함과 사라의 입장에서 읽어왔기 때문이다. 그리고 아브라함과 이삭과 야곱으로 이어지는 족장의 이야기 속에서, 하갈과 이스마엘의 이야기는 주변적인 것으로 취급되고 있었기 때문이다. 따라서 그동안 무시되어 온 하갈의 입장에서 텍스트를 읽는 것은 이 본문의 새로운 의미를 밝히는 중요한 작업이 될 수 있을 것이다. 특별히 창세기 21장 8절에서 21절의 본문은 하갈이 등장하는 마지막 장면이라는 점에서 중요하다. 그리고 본문은 하갈에게 주어진 하나님의 약속을 말하는 동시에, 또 한편 정반대로 하갈을 내쫓는 장면이 나온다. 이것은 하갈에 대해서 본문이 어떤 균열과 갈등이 내포하고 있다는 의미로 해석될 수 있다.

이러한 균열을 읽기 위해서는 수사학적 방법이 유익하다. 수사학적 비평이라는 것은 본문의 역사적 배경이나, 자료나, 전승사와 같은 다른 접근 통로보다 본문 그 자체를 실마리로 삼아 해석하는 것을 말한다. 본문을 꼼꼼히 읽으면서, 반복적으로 드러나는 주제를 찾아내고, 나아가 내용의 의도를 찾아보는 것이 수사학적 비평의 목적이다. 창세기 21장의 본문은 아브라함의 이야기라는 큰 틀에서만 읽혀졌을 뿐이지 그 본문 자체로 하갈의 이야기로는 거의 읽히지 못했다. 따라서 하갈의 입장에서 읽는다는 것은 다시 본문으로 들어가

본문이 하갈에 대해 무엇을 말하고 있는가를 탐구하는 작업에서 시작되어야 할 것이다.

　본문을 통해 전체적인 구조를 보면 이야기는 이삭과 이스마엘의 두 아이의 성장에 관한 이야기인데, 아브라함의 아들, 이삭의 성장을 축하하는 것으로 시작한다. 아이가 자라서 젖을 떼는 날을 기념하여 아브라함은 잔치를 열어 준다. 이 이야기의 끝에서도 아이의 성장이 그려진다. 광야에서 세차게 울던 아이 이스마엘이 자라, 이제는 활 쏘는 아이가 되었다. 하나님은 그를 떠나지 않았다. 이야기는 이렇게 두 아이의 성장 이야기를 앞뒤에 놓아 그려두고 있다. 이삭이 젖을 뗀 것을 축하하는 자리에서 사라는 이스마엘을 본다. 그리고 그와 자신의 아들이 같이 유산을 받을 수 없다는 생각으로 아브라함에게 그와 그의 어머니를 쫓아내라고 말한다. 아브라함은 번민한다. 이스마엘도 자신의 아들이기 때문이다. 하나님은 고민하는 그에게 나타나셔서 사라의 목소리를 들으라고 말씀하신다. 그러나 이스마엘도 그의 아들이므로, 그로 한 민족을 이루게 하겠다고 약속하신다. 아브라함에게 주어진 약속은 "아이를 안아 일으키고, 달래어라. 내가 저 아이에게서 큰 민족이 나오게 하겠다."라고 하갈에게 주어진 약속과 대구를 이룬다. 두 약속 사이에 위기 상황이 놓인다. 아브라함은 먹을 것과 물을 싸 주면서 하갈과 이스마엘을 내보낸다. 그리고 광야에서 정처 없이 헤매는 모자의 모습이 그려지며 이 이야

기는 정점에 다다라 독자로 하여금 쫓겨난 모녀의 슬픔과 고통에 주
목하도록 만다.

　사라는 자신의 아들이 하갈의 아들 이스마엘과 함께 있는 것을
보았을 때 표준새번역에서 이스마엘이 이삭을 "놀리고 있었다"라
고 번역된 히브리어 단어는 단순히 "놀다"라는 의미로 번역되어 있
어서 정확히 무슨 의미인지는 결정지을 수 없다. 이스마엘이 한 일
이 나쁜 짓일 근거는 없다. 그러나 이 구절에 대한 한국어 번역을 살
펴보면 개역과 표준번역이 "희롱하다" 와 "놀리다"로 번역하고 있
으며, 공동번역만이 "함께 놀다"로 번역하고 있다. 영어 번역을 보
아도 "함께 놀다"라고 번역하고 있다. "놀리다"로 번역하는 것은 후
에 이삭을 내쫓으라고 말하는 사라에 대한 변명의 여지를 주는 것으
로서 이렇게 번역할 경우 본문을 하갈이 아닌 사라의 입장에서 읽고
있는 것이 된다. 문제는 이스마엘의 행동이 아니라 자신의 아들이
하갈의 아들과 함께 있는 것을 본 사라에게 떠오른 생각이다. 사라
는 이삭과 함께 있는 이스마엘을 보고, 해가 갈수록 이스마엘이 이
삭의 경쟁자가 되고, 결국 유산을 함께 상속하게 될 것이라는 연상
을 하게 되는 것이다. 사라는 아브라함에게 가서 말한다.
　사라는 하갈이라는 이름을 사용하지 않고, 여종이라는 비하적인
호칭을 두 차례나 반복해서 쓴다. 이스마엘을 여종의 아들이라고 말
하면서 마치 이스마엘이 아브라함의 아들이 아닌 것처럼 표현하고

있다. 그리고 아브라함에게 이스마엘을 내쫓으라고 말했을 때, 사라는 지금 다시 율법에 위배되는 행동을 하고 있는 것이다. 왜냐하면 노예에게서 태어난 자식이라 해도 집밖으로 내쫓아서는 안 되기 때문이다. 하물며 이스마엘은 주인의 맏아들이 아닌가?

아브라함은 번민했고, 하나님께서는 그에게 말씀하셨다. 여기에서 하나님의 입에 "너의 아들"이나 "이스마엘"이 아닌 사라의 입장에 동조하는 듯한 단어 "그 아이"를 넣어 주고 있다. 게다가 하갈을 칭하는 호칭으로서 사라가 말했던 '여종'이라는 호칭을 넣은 것도 그런 작업의 예로 볼 수 있다.

나아가 하나님은 아브라함에게 "사라의 말을 들어주라"는 말씀까지 하신다. 어떤 학자들은 하나님이 고통당하는 노예의 편이 아니라 억압하는 압제자의 편에 선 것이라고 말한다. 하나님이 아브라함과 사라에 편에 선 것으로 서술함으로써 이후에 하갈에게 주어진 약속과의 균열을 만들고 하갈의 고통을 더욱 비극적인 것으로 보이게 한다.

사실 사라의 말을 들어줘야 한다고 명령하는 하나님의 근거는 빈약하다. "이삭에게서 태어나는 사람이 너의 씨가 될 것"이라는 것은 "야곱"을 미리 염두에 둔 것이 아닌가 학자들은 의구심을 갖는다. 분명 하갈에게서 난 아들도 아브라함의 씨라고 하나님은 말씀하셨다. 그럼 뭐가 문제인가? 왜 하갈과 이스마엘이 쫓겨나야 하는가? 둘 다 아브라함의 씨인데 말이다. 이삭에 대한 언급은 이삭, 야곱, 요셉 등으로 이어지는 이스라엘의 선택신앙을 주장하는 랍비들이 하갈과 이스마엘의 추방을 정당화하기 위해 하나님의 입에 넣은 것이 아닐까 추측하기도 한다.

본문에 아브라함을 주어로 해서 네 개의 동사가 나오고, 침묵 속에 진행되는 추방이 그려지고 있다. 아브라함은 이스마엘의 아버지이며, 그는 지금 이삭보다 더 오랜 세월 함께 지내온 아들을 그 어머니와 함께 내쫓고 있는 것이다. 아브라함이 내보내자 그녀는 길을 나선다. 하갈은 내보내면 떠날 수밖에 없는 존재였던 것이다. 그래서 하갈과 이스마엘의 방황과 고초가 시작되고 이들의 상황이 악화되는 것을 보여준다. 하갈은 이스마엘을 데리고 집을 떠났다. 고대 세계에서 물론 지금도 그렇지만 집을 떠난다는 것은 수많은 위험에 노출되는 것이다. 하물며 어린 아이와 그의 어미 단둘이 나설 때는 오죽하겠는가? 그들은 브엘세바 광야를 정처 없이 헤매야 했다. 설상가상으로 아브라함이 준 물조차 떨어졌다. 광야라는 곳은 건조하고 황량한 곳이다. 이제 이들은 광야에서 탈진해서 죽을지도 모르는 상황에 처한 것이다.

비참한 상황 속에서 하갈의 반응도 더욱 극적으로 고조되고 있다.

그녀는 걸음을 멈춘다. 더 이상 한 발도 걸을 수 없었던 것일까? 아이를 안았던 손을 풀고, 아이를 한 떨기나무 아래 내려놓았다. 그리고 그녀는 홀로 아이와 떨어져(화살 한바탕 거리만큼) 주저앉았다. 아이와 떨어져 갔던 것은 그녀의 말을 통해 설명이 된다. "아이가 죽어가는 것을 차마 볼 수가 없었"기 때문이다. 그리고 그녀는 목소리를 높여 흐느껴 운다. 아이가 죽어가는 모습 앞에서도 어쩔 수 없는 무력감이 나타나고 있다.

하나님은 아이가 우는 소리를 들으셨다. 아이의 어머니 하갈도 목소리를 높여 흐느껴 울었다. 그리고 아이가 울었다는 기술은 없는데, 어쨌든 하나님은 아이의 울음소리를 들으셨다. 그 아이의 이름은 이스마엘, 즉 "하나님께서 들으셨다"라는 의미였다.

하나님의 천사가 하갈에게 나타나서, 하갈을 부른다. "무서워하지 말라" 다시 한 번 하나님께서 아이의 울음소리를 들으셨다는 사실이 천사의 입을 통해 확증된다. 그리고 이스마엘을 향한 하나님의 약속이 전해지기 전에 "아이를 안아 일으키고, 달래라"는 명령을 한다. 축자적으로 번역하면 "일어나 아이를 들어 올려라. 그리고 너의 손으로 굳세게 그를 붙잡아라"이다. 하나님의 명령은 하갈이 다시 한 번 아이의 어머니임을 확인해 주면서 그 역할을 하라고 하는 것이다. 이유는 하나님께서 이 아이에게서 큰 민족이 나오게 하실 것이기 때문이다.

아브라함에게 전해졌던 약속이 이제는 "한 민족(a nation)"이 아니라 "큰 민족(great nation)"이 되면서 더 강화된다. 그리고 하갈은 하나님의 도움으로 그녀와 아이의 생명을 구할 수 있는 샘물을 발견하게 된다. 그동안 드리워졌던 죽음의 그림자가 걷히는 것이다.

하나님께서는 이스마엘과 함께 계셨다. 이것은 아브라함의 집에서 쫓겨남과 동시에 하나님으로부터도 멀어졌다고 생각하는 실수를 하지 못하게 한다. 하나님께서 그 아이와 함께 계셨기 때문에, 그는 자랄 수 있었고, 황량하고 메마른 광야에서 살아남을 수 있었다. 그는 바란 광야에서 활 쏘는 자가 되었다. 활 쏘면서 사냥을 해서 살아가는 베두인의 조상이 된 것이다. 이것으로 큰 민족을 이루게 하리라는 그의 약속이 한 걸음 내딛게 된다. 여기에서 하갈은 베두인의 시조의 어머니로서 '민족의 어머니'가 되었다. 사라만이 민족의 어머니가 아닌 것이다.

광야를 떠돌던 하갈과 이스마엘은 약속을 받았다. 아브라함이 받았던 약속이라는 것도 "큰 민족을 이루리라"는 것, 그 이상이 아니었다. 하갈과 이스마엘은 "내가 너에게 많은 자손을 주겠다. 자손이 셀 수도 없을 만큼 불어나게 하겠다"라는 약속과, "내가 너로 큰 민족이 되게 하겠다"는 아브라함과 다를 것도 없는 약속을 받았다. 아브라함의 집에 있든지 광야로 쫓기든지, 이 사실은 변함이 없다.

이렇게 보면, 사라의 매정함과 아브라함의 내쫓는 행동을 정당화하려는 내용들은 하갈이 받은 약속에 비추어 균열을 일으키고 있다. "이삭에게서 난 씨라야 아브라함의 씨라 칭하리라"고 말하면서 이스마엘을 배제하는 것 같고, 그것이 마치 이스마엘을 내쫓는 것을 합리화하는 것 같다. 그러나 "이스마엘도 네 씨"라는 말로 다시 그 배타성은 힘을 잃게 된다. 그리고 결말에서 "하나님이 이 아이와 함께 계셨다"는 말도 하갈과 이스마엘을 축복의 대상에서 제외하지 않은 것을 말해주고 있다. 그러나 이스라엘의 선택신앙에 의해 아브라함—이삭—야곱으로 이어지는 약속에 맞추어 읽으려는 독자에게는 하갈이 받은 약속이나, "하나님이 그와 함께하심"과 같은 주제들이 그냥 스쳐 지나가고, "이삭"에 대한 언급이나 "이스마엘이 이집트 여인과 결혼했다"고 하는 사실만 부각되어 이스마엘에 대한 거부감으로 이어질 뿐이다.

그러므로 성서의 내용이 합리화하려고 하는 거리낌, 즉 사라와 아브라함이 매정하게도 하갈과 이스마엘을 내쫓았다는 그 사실을 굳이 선의로 해석해 줄 필요가 없다. 오히려 쫓겨난 하갈과 이스마엘에 동정심을 가지고 바라보며, 하나님이 그들에게 하신 약속이 사라와 아브라함이 받은 약속과 다르지 않다는 사실이 무엇을 의미하는지를 보아야 하는 것이다. 어떤 학자는 "아이가 죽는 것을 차마 보지 못해 떨어져 앉은 어머니의 모습에서 우리는 감동하며, 그리고 울고 있는 어머니, 하나님에 의해 보호받는, 그래서 결국에는 구원받고 위대한 미래를 약속받는 아이, 즉 축복받은 두 모자의 이야기를 통해 우리가 느끼는 감동이 중요하다"고 말한다.

그러나 약속을 받았고 한 민족의 조상이 된 하갈과 이스마엘의 이야기는 희망찬 미래의 이야기로 계속되지 않는다. 오히려 하갈의 이야기는 이스라엘의 구원사에서 주변적인 것으로 밀려나게 된다. 이스라엘의 구원사는 끝없는 선택의 이야기이다. 하갈에게 주어진 약속도 하나님께서 함께 계셨다던 이스마엘도, 이어지는 아브라함에서 이삭, 이삭에서 야곱으로 이어지는 선택의 이야기를 통해 이스라엘의 구원사에서 사라진다. 우리는 약속을 받았지만 구원사에서 쫓겨난 하갈의 이야기를 통해 다시 한 번 광야 한 가운데 앉아 있는 하갈의 통곡을 듣게 된다.

이스라엘은 역사상 주변국들의 침략과 공격 속에서 약자의 위치에서 살아왔다. 그리고 그런 이스라엘을 끊임없이 돌보시는 하나님의 역사를 우리는 해방의 역사로 읽는다. 그러나 하갈이 성서에서 내쳐지는 이 시점에서 약자와 피억압자를 하나님이 변호하신다는 해방의 메시지는 숨겨져 있다. 해방과 구원의 역사가 반쪽짜리가 되어 버리는 것이다. 그러나 아브라함의 집에서 내쳐지고, 결국 이스라엘이라는 민족성 밖에 놓였을지라도 하갈과 이스마엘은 큰 민족을 이루며, "하나님이 함께한 사람"이라는 표지를 달고 광야에서 꿋꿋이 살아갔다. 그들이야말로 반쪽짜리 구원의 역사를 온전하게 만든 이들이다. 구원사 밖에도 하나님이 열어 놓으신 새로운 삶이 있었던 것이다.

그럼에도 불구하고 하나님의 해방의 역사의 빛을 퇴색시키는 일들은 여전히 일어나고 있다. 이스라엘은 이제는 명명백백 역사의 강자 위치에 서서 약자인 팔레스타인 난민들을 억압하며, 그리고 "자유와 해방"이라는 기치를 걸고 세계의 최강국 미국은 가진 것이라고는 기름밖에 없는 중동의 국가들을 위협하고 있다. 이와 같은 역사의 한 순간에 우리는 선택의 기로에 서 있다. 하나님의 넓은 품안으로 우리는 그들을 끌어안을 것인가? 아니면 하갈 모자(母子)처럼 다시 또 한 번 괴로운 광야로 그들을 내쫓아 슬피 울게 할 것인가?

오늘날 신구약학자들은 구약의 유대교 역사를 역사관 입장에서 다시 재조명을 해 보려는 의도가 있는 가운데 구약에 내용대로 이스마엘을 제치고 이삭을 적극적으로 옹호하려는 유대교 학자들의 거센 반대에 부딪치고 있으며 최근에는 개신교 학자들과 유대교 학자들 간의 신학적인 교류도 거의 없을 정도로 사정이 악화되었다.

하갈의 생애에서 배우는 신앙적 교훈

1. 하나님은 고난 속에서도 우리의 소리를 들으신다.

하갈의 고난은 인간적인 약점과 갈등을 보여주지만, 하나님은 그녀의 고통을 외면하지 않으시고 직접 찾아오셔서 위로하셨다. 이는 하나님이 고통 받는 자를 돌보시는 분임을 상징한다.

2. 하나님은 이방인과 소외된 자에게도 은혜를 베푸신다.

하갈은 애굽 출신의 여종으로, 언약의 백성 이스라엘과는 거리가 먼 이방인이었다. 그러나 하나님은 그녀와 이스마엘을 축복하시며, 큰 민족을 이루겠다고 약속하셨다. 이는 하나님께서 모든 민족을 향해 구원의 계획을 이루고 계심을 보여준다.

3. 고난 속에서도 하나님의 약속을 신뢰해야 한다.

하갈은 두 번이나 광야로 내쫓기는 절망적인 상황을 겪었지만, 하나님은 그 순간마다 그녀를 구원하시고 새로운 소망을 주셨다. 그녀의 생애는 고난 중에도 하나님의 계획이 이루어진다는 교훈을 준다.

4. 하나님은 엘 로이, '나를 보시는 하나님'

하갈은 하나님을 "엘 로이"라 부르며, 자신을 돌보시는 하나님의 성품을 깨달았다. 이는 오늘날 신자들에게도 하나님이 우리의 삶을 주목하시며 함께하신다는 위로를 준다.

5. 하갈의 상징적 의미

하갈의 생애는 인간의 약함과 하나님의 강함을 대조적으로 보여준다. 그녀는 성경에서 가장 약하고 소외된 인물 중 하나였지만, 하나님은 그녀를 선택하여 구속사의 중요한 역할을 맡기셨다. 하갈은 하나님의 자비와 돌보심을 상징하며, 믿음의 여정에서 소외된 자들을 향한 하나님의 사랑을 나타낸다.

영원토록 이어지는 이삭의 후손과 이스마엘 후손들 간의 투쟁 역사

이삭 (아브라함의 아들, 사라에게서 난 아들)

제10장 영원토록 이어지는 이삭의 후손과 이스마엘 후손들 간의 투쟁 역사

중동전쟁이 4000년이 지나도 해결할 수 없는 '이삭'과 '이스마엘' 후손들의 전쟁으로 비화하고 말았다. 이것은 후손들의 문제라기보다 아브라함이 첩 하갈을 통해서 이스마엘을 낳을 때 하나님이 이미 예언했던 사실에 기초하고 있다.

창세기에는 우리가 쉽게 확인할 수 있는 '예언'이 또 하나 있는데, 그것은 '이삭'과 형인 '이스마엘'의 관계에서 찾아볼 수 있다. 하나님은 아브라함에게 하란을 떠날 때 후손에 대한 약속을 하셨는데, '우르'를 나온 지 약 10여 년간의 세월이 흘러도 고대하던 후손이 태어나지 않게 되자, '사라'와 '아브라함'은 하나님의 말씀의 '신실성'을 믿기보다 인간적인 생각을 선택하게 된다. 그래서 우르를 나온 지 11년쯤에 육신의 자녀인 '이스마엘'을 보게 된다. 한 가지 흥미로운 사실은 하나님이 아브라함에게 말씀하신 후손이 '하늘의 별'과 같은 후손이거나, '바닷가의 모래' 같은 후손이거나, '땅의 티끌' 같은 후손으로 구분이 된다는 점이다.

약속의 자녀인 '이삭'은 이스마엘이 태어난 뒤 14년이 지나서, 하란을 떠나온 지 약 25년이 지나서야 보게 되는데, 이삭이 젖을 떼는 날에 이스마엘의 '희롱'(히: 짜하크-비웃다, 조롱하다, 조소하다)을 받게 되었다. '장자권'을 상실한 이집트 여인의 소생인 이스마엘이, 이삭을 희롱한 사건이 훗날의 두 후손들에 대한 '예표'가 되는데, 장차 이집트에서 이스라엘이 당할 400년간의 핍박 생활을 상징하기도 하며, 그 이후의 지금까지 이스라엘과 이스마엘의 후손들의 대립 관계를 미리 말해 주고 있기도 하다.

이스마엘의 후손인 오늘날의 아랍인들(이슬람권)은 아브라함의 장자는 '이스마엘'이며 자신들이 아브라함의 약속의 자녀들이라 주장한다. 그리고 구약성경은 유대인들에 의해 많은 부분들이 조작되었다고 강조한다. 이스라엘 역시 성경을 내세우며 자신들의 땅에 대한 권리를 계속 주장하고 있다. 이 두 형제 집안의 '4천 년'이 넘는 길고 오래된 싸움은 앞으로도 해결될 가능성은 없다고 보이는데, 이는 양측이 절대적인 의미를 부여하고, 신성시 여기는 '경전들'이 가르치는 바가 판이하게 차이가 나기 때문이다. 현재 아랍국가인 '사우디아라비아'는 국기에 코란의 글귀와 칼을 그려 놓고 있는데, 이는 사우디의 초대 국왕인 이븐 사우드의 '승리'를 나타낸다고 하지만, 한 손에는 '코란' 한 손에는 '칼'을 들었던 이슬람의 '성격'과 무관하지 않을 것으로 여겨진다.

또한 창세기 16장 12절에 "그가 사람 중에 들나귀 같이 되리니 그의 손이 모든 사람을 치겠고 모든 사람의 손이 그를 칠지며 그가 모든 형제와 대항해서 살리라"라는 구절이 있는데 이는 이스마엘과 그 후손에 대한 예언으로 이슬람의 '호전성'을 예언한 것이며, 이스마엘과 섞이기도 한 '에서'의 후손들을 향한 예언인 창세기 27: 40절의 "너는 칼을 믿고 생활하겠고"와도 어느 정도 연관이 있는 것이다.

이삭의 후손과 이스마엘의 후손은 영원한 전쟁의 소용돌이 속에서 종말을 맞게 된다.

이라크의 갈대아 우르 지역에서 가나안 땅으로 들어온 아브라함은 하나님으로부터 약속의 후손에 대한 언약을 받았지만, 아내 사라가 늙어 아내와 합의하에 젊은 여종 하갈을 첩으로 들였다. 그렇게 태어난 아들이 '이스마엘'이다.

그 후 사라가 하나님의 언약 아래 끊긴 태가 살아나면서 이삭을 낳게 되었다. 두 형제의 싸움으로 이스마엘은 쫓겨나게 된다. 그렇지만 하나님은 이스마엘에게도 큰 복을 내리신다. 하나님이 하갈에게 "여호와의 사자가 또 그에게 이르시되 내가 네 씨를 크게 번성하여 그 수가 많아 셀 수 없게 하리라."(창 16:10) "이스마엘에 대하여는 내가 네 말을 들었나니 내가 그에게 복을 주어 생육하고 번성하게 할지라 그가 열두 두령을 낳으리니 내가 그로 큰 나라가 되게 하려라."(창 17:20) "일어나 아이를 일으켜 네 손으로 붙들라 그가 큰 민족을 이루게 하리라 하시니라."(창 21:18)라고 약속하셨다.

오늘날 중동 지역은 크게 보아, 이삭의 후손인 이스라엘과 이스마엘의 후손인 중동국가들로 나뉜다고 보면 되겠다. 인구로 볼 때, 이스라엘 국민이 1,200만 명이라면 중동국가의 인구는 거의 3억 명에 이른다. 두 민족은 같은 아버지인 아브라함의 자손으로서 모두 하나님의 복을 받았지만, 두 민족은 서로 원수로 싸우고 있다.

하나님은 이삭과 이스마엘에게 동시에 언약을 주셨다.

먼저 이삭은 아브라함과 사라의 아들로, 하나님이 아브라함에게 약속하신 언약의 후사로 여겨진다(창세기 17:19-21). 하나님은 이삭과 그의 자손을 통해 특별한 언약을 이어가겠다고 말씀하셨고, 이 언약은 아브라함과 그의 자손이 하나님과의 관계를 통해 복의 통로가 될 것을 의미한다. 이 언약은 결국 이삭의 후손인 야곱, 이스라엘 백성에게로 이어지며, 그들을 통해 메시아가 오리라는 약속과도 연결된다(갈라디아서 3:16). 따라서 이삭의 후손에게 주어진 하나님의 언약은 단순한 민족의 번성에 그치지 않고, 신앙과 구원의 약속을 포함한다.

반대로 하나님께서는 이스마엘도 아브라함의 자손이므로 그로 인해 민족이 번성할 것을 약속하셨다. 이스마엘은 열두 아들의 조상이 되어, 아랍 민족의 조상이 되었다고 전통적으로 이해된다. 이스마엘에게 주어진 복은 번성과 힘에 관한 복으로, 언약의 후사는 아니지만, 여전히 하나님의 보호와 번영을 약속받는다. 이 복은 주로 물질적이고 민족적인 번영에 초점이 맞춰져 있으며, 이삭의 언약과는 구원의 성격이 다르다.

신학적으로 분석해 볼 때, 이삭과 이스마엘의 복은 언약적과 일반적 축복으로 구별된다. 이삭은 하나님의 구속사의 언약적 축복을 이어가지만, 이스마엘은 하나님의 일반적 은혜의 복을 누린다. 이는 하나님이 모든 민족을 돌보시지만, 구원의 약속은 특별한 구속사적 의미를 지닌 특정 혈통을 통해 이어진다는 것을 나타낸다. "또한 아브라함의 씨가 다 그의 자녀가 아니라 오직 이삭으로부터 난 자라야 네 씨라 불리리라 하셨으니 곧 육신의 자녀가 하나님의 자녀가 아니요 오직 약속의 자녀가 씨로 여기심을 받느니라, 약속의 말씀은 이

것이니 명년 이때에 내가 이르리니 사라에게 아들이 있으리라 하심이라"(롬 9:7-9). 신약성경에서도 바울은 이삭을 향한 하나님의 언약을 정당화했다. 바울 사도는 갈라디아서에서 이스마엘과 이삭의 관계를 율법과 은혜의 비유로 사용하며, 신약에서 이삭의 후손이 신앙과 자유의 상징으로, 이스마엘은 육체의 자녀, 율법의 상징으로 여겨진다.

갈라디아 4장에 "기록된 바 아브라함에게 두 아들이 있으니 하나는 여종에게서, 하나는 자유 있는 여자에게서 났다 하였으며, 여종에게서는 육체를 따라 났고 자유 있는 여자에게서는 약속으로 말미암았느니라 이것은 비유니 이 여자들은 두 언약이라 하나는 시내산으로부터 종을 낳은 자니 곧 하갈이라 이 하갈은 아라비아에 있는 시내산으로서 지금 있는 예루살렘과 같은 곳이니 그가 그 자녀들과 더불어 종 노릇하고 오직 위에 있는 예루살렘은 자유자니 곧 우리 어머니라"(갈 4:22-26) 하였다.

성경에 의하면 이스마엘의 후손과 이삭의 후손에게 주신 하나님의 축복과 언약은 하나님께서 계획하신 구속사적 의미와 구원의 약속에 따라 각각 다르게 구별된다. 아브라함의 씨가 아무리 거룩하다 해도, 사라라는 여인의 밭에 심기우면, 거기서 나오는 아들은 약속의 씨, 자유하는 아들이 나오지만, 하갈이라는 여종의 밭에 심기우면, 거기서 나오는 아들마다 종의 자손이 나올 뿐이다.

중동전쟁은 이처럼 이복형제인 이스마엘의 후손과 이삭의 후손 간의 깊은 갈등에서 비롯되었다고 할 수 있다. 아브라함을 통해 각각 다른 방식으로 축복을 받은 두 후손에게 주어진 서로 상반된 축복은 형제간의 지속적인 갈등을 낳게 했다.

이삭의 후손인 이스라엘은 하나님이 선택한 언약의 백성으로서 하나님의 구속사적 약속을 통해 세계적인 신앙의 중심이 되었으며, 이로 인해 영적인 중심성과 독점성을 지니게 되었다. 반면, 이스마엘의 후손은 아브라함의 혈통을 이어받아 번성과 물질적 축복을 누리는 민족으로 성장하게 되었고, 이를 통해 강한 자부심과 독립적 민족성을 형성하게 되었다.

이러한 구도의 차이는 두 민족이 역사적으로 갈등하고 충돌하게 된 주된 이유 중 하나로 작용한다. 하나님께서 아브라함을 통해 세운 약속이 이스라엘을 축복하는 것과 이스마엘의 후손에게 주어진 큰 번성의 복은 서로 다른 방식으로 발현되어, 이들이 종말까지 갈등하며 각자의 길을 가는 운명을 보여준다. 성경적으로 보았을 때 이 갈등은 종말에 대한 예언과도 연결되며, 끝날 수 없는 갈등과 전쟁을 내포하고 있다.

특히 구약적 갈등의 잔인함은 이 싸움의 본질을 드러내며, 이스라엘 민족이 예수를 메시아로 받아들이지 않음으로 인해 구속사의 구약적 형태를 벗어나지 못하고 있다. 이는 신약의 영적 평화와 해방으로 나아가지 못한 채 계속해서 구약적 전쟁 양식을 반복하는 결과로 이어진다. 이 전쟁은 단순한 군사적 대결을 넘어서, 종교적, 민족적, 신학적 정체성의 싸움으로 확대되고 있다. 이 갈등은 이스마엘의 후손과 이삭의 후손이 각자의 영역에서 하나님으로부터 나름의 복을 받으면서도, 서로의 정체성에서 뿌리 깊은 갈등과 긴장을 지속적으로 겪는 운명임을 시사한다.

결론적으로, 중동 전쟁은 종말에 이를 때까지 지속될 운명적인 갈등으로 볼 수 있으며, 이는 구약의 전쟁 방식과 잔인함을 통해 표현된다고 할 수 있다. 이들은 메시아를 거부했기 때문에 그들의 갈등에는 용서와 화해가 없다.

제11장

에서와 야곱의 관계

에서 (이삭의 첫째아들)

제11장 에서와 야곱의 관계

구약시대의 에서와 야곱의 장자권 싸움의 내용은 현대생활에서는 거의 이해할 수 없는 일이라고 해도 과언이 아니다. 서양문화에서뿐만 아니라 특히 유교문화권 내에서 살고 있는 우리에게도 장자권 즉 상속의 일인자가 되기 위해서 서로 질투, 시기할 뿐 아니라 더 나아가서 형제끼리 법정에서 싸우는 일도 흔히 볼 수 있는 일이 아니다.

에서와 야곱 간 장자상속권 싸움의 근본 동기는 부모에게 있다. 그것은 이삭과 아내 리브가가 쌍둥이 아들을 낳았기 때문이다. 이 두 아들의 나이 차이가 있었다면 큰 문제가 아니었을 텐데 불행하게도 쌍둥이의 동생으로 태어난 야곱으로는 몇 분의 차이를 두고 태어나서 장자권을 형 에서에게 뺏기는 것이 굉장히 못마땅했을 것이다. 더욱이 어머니인 리브가가 두 아들의 관계를 잘 조정했어야 할 텐데 오히려 동생 야곱의 편을 들면서 문제는 더 커졌다. 큰 아들 에서와 작은 아들 야곱은 쌍둥이면서도 외모와 성격 모두 완전 다른 이란성이었다.

큰 아들 에서는 몸이 붉고 털이 많은 사람이었다. 기질이 호탕하고, 성격이 급하며, 사냥을 좋아하는 그야말로 사나이라 불릴 수 있는 사람이었다. 반면에 야곱은 집안에 있기를 좋아하고 성격이 세밀하며 말이 별로 없는 사람이었다. 만일 우리한데 둘 중 누구와 친구가 되려는가 묻는다면 당연히 에서였을 것이다. 이런 사람들은 단순하며 기분파이기 때문에 잘만 비위를 맞춰주면 덕 볼 일이 많고, 또 의리파라고 할 수 있다. 자기가 손해 볼지언정 배신하지는 않는 그런 성격이라고 할 수 있다. 물론 단점도 있긴 해도 친구가 손해 볼 단점은 아니라고 생각된다. 하지만 야곱은 다르다. 이런 사람들은 계산적이기 때문에 쉽게 손해를 보질 않는다. 친구를 잘 믿어 주지도 않고, 뒤끝이 있다. 속을 알 수 없어서 잘못하다가는 뒤통수 얻어 맞을 수도 있다. 그런 그들의 성격이 그들의 이름에도 잘 나타나 있다. 에서는 '몸이 붉다'는 뜻이고, 야곱은 '남의 뒷다리를 잡은 자'라는 뜻이다.

처음에 이삭은 에서를 좋아했고 리브가는 야곱을 사랑했다. 그러나 나중에는 에서를 버렸다고까지 말한다. 이유가 무엇일까? 바로 야곱의 팥죽 사건에서 찾아볼 수 있다. 사냥을 좋아하는 에서가 집에 돌아오니 야곱이 시간에 맞춰 붉은 죽을 쑤고 있었다. 지금도 팔레스타인 지역에서는 적갈색의 콩에다 파와 각종 양념을 넣어 끓인 수프가 있다고 한다. 붉은 색의 스프를 우리식으로 팥죽이라 번역한 것이지만 우리의 팥죽과는 다르다. 우리 문화와 전통에 맞도록 적당히 해석한 것 같다. 에서가 이 죽을 보았을 때 얼마나 먹고 싶어 했는가. 그 마음이 죽 이름에 담겨 있는 것이다. 이런 점을 보면 야곱은 의도적으로 에서가 돌아올 때를 맞춰 이렇게 하였을 것이라는 것을 알 수가 있다.

배가 고픈 에서는 야곱에게 죽 좀 달라 했지만 야곱은 매정하게 거절하고는 형의 장자의 권리와 죽을 바꾸자고 제안했다. 에서는 정말 아무 생각 없이 덜렁 이것을 바꾸고 말았다. 배고파 죽게 생겼는데 장자 권리가 뭐 소용 있냐고 생각했을 것이다. 그리고 장자의 권리는 나중에 아버지 돌아가실 때 재산을 나눌 때나 좀 덕을 보지만 그건 나중 일이고 지금은 배고픔을 해결하는 게 우선이라는 생각했을 것이다. 성경은 이런 에서의 생각을 장자의 권리를 경홀히 여긴 것으로 표현하고 있다.

하지만 이 장자의 권리 속에는 눈에 보이지 않는 영적인 권리들이 들어 있다. 하나님의 축복을 받을 권리와 집안의 대를 이어갈 권리가 있다는 것을 소홀하게 여겼다는 것이다. 즉 하나님께 받는 축복의 권리를 팥죽 한 그릇보다 못하다고 생각하였기에 하나님은 그런 에서를 결국 버린 것이다.

미국의 유명한 철학자 제임스는 사람에게는 세 가지 종류의 선택이 있다고 하였다. 첫째는 살아 있는 선택과 죽은 선택, 둘째는 피할 수 있는 선택과 피할 수 없는 선택, 셋째는 중요한 선택과 사소한 선택이다. 죽은 선택은 이미 정해진 것이어서 사람의 노력으로 바꿀 수 없지만 살아 있는 선택은 사람의 선택 여하에 따라 얼마든지 변화할 수 있는 것을 말한다. 나머지는 설명 안 해도 알 수 있다. 에서는 자신의 삶의 순간에 자기 인생을 바꿀 수 있는 살아 있는 선택을 거부하였고, 중요한 것 대신에 사소한 것을 선택하였다. 그것이 바로 에서의 가장 큰 불행이라고 할 수 있는 것이다.

야고보서 4장 8절에 "하나님을 가까이 하라 그리하면 너희를 가까이 하신다"고 하였다. 하나님께서 사무엘을 통해 엘리제사장을 꾸짖을 때 하신 말씀이다. "나를 존중히 여기는 자를 내가 존중히 여기고 나를 멸시하는 자를 내가 경멸하리라"(삼상 2:30).

야곱의 아들 단(지파)과
단군과의 관계에 대한 그릇된 견해

야곱 (이삭의 둘째아들)

제12장 야곱의 아들 단(지파)과 단군과의 관계에 대한 그릇된 견해

한국 기독교 토착화 운동에 열중하던 자유주의 신학자들 가운데 이스라엘의 단 지파를 우리 민족의 조상이라고 보는 주장이다. 이 견해는 '단군'과 '단' 지파의 언어적 유사성에서 출발한다. 하지만 단 지파의 오랜 무대는 가나안 땅이었다. 야곱의 다섯 번째 아들이요 야곱 아내 라헬의 종 빌하가 낳은 첫 번째 아들이 단이었다. 출애굽 시 성막 제조를 도왔던 아히시막의 아들 오홀리압(출 31: 6)이 단 지파였으며, 사사 삼손도 단 지파였다(참조: 삿 13-16장). 야곱의 축복 가운데 단은 독사로 말의 발굽을 물 것이라는 예언을 들었다(창 49:16-17). 이 예언을 통해 단 지파는 싸움에 능하고 싸움에 직면할 처지임을 알 수 있다. 또한 모세는 단을 "바산에서 뛰어 나오는 강한 사자 새끼"(신 33:22)라고 묘사하고 있다. 이 예언처럼 단 지파는 요단강 동편에 있는 바산 부근의 한 지역을 점령하였다. 처음 단 지파는 유다와 에브라임과 베냐민 사이의 한 지역과 해안 평야 지대를 분배 받았다. 가나안 정착 이후 왕국 시대 이전까지 단 지파는 가나안 땅에 정착하고 있었다(수 19:40-47). 이렇게 야곱과 모세의 예언대로 단 지파는 늘 블레셋과 아모리 족속과 충돌하면서 전쟁에 노출된 지파로 살게 되었다. 그런데 요한계시록에 보면 이스라엘의 12지파 가운데 오직 단 지파만이 하나님의 종들 144,000명의 명단에서 누락된 것을 볼 수 있다(계 7:4-8). 단 지파는 여로보암 왕 시절 우상숭배에 열심이었던 지파였다(왕상 12:29). 단 지파는 에브라임 중심의 북이스라엘 민족 가운데서도 우상의 미혹을 뿌리치지 못한 지파가 되었다. 에브라임 중심의 북 10개 지파가 사마리아인으로 변질되어 가는 과정에서 단 지파는 더욱 하나님 눈 밖에 나게 된다. 그렇게 단 지파는 신약의 요한계시록에 와서 12지파 명단에서도 탈락하는 비운을 맞게 되었다.

사라진 그들 단 지파가 우리 한민족 조상 단군이 되었다는 것은 아무런 논리적 근거가 없는, 너무 큰 비약이다. 설령 단군이 단 지파라 하더라도, 그것은 명예가 되기는커녕 우리 한민족이 비운의 민족이라는 멍에를 덧입을 뿐일 것이다. 일부 일본인들조차 자기들이 이스라엘의 잃어버린 비운의 단 지파의 후예들이라고 우기고 있으니, 참으로 웃기는 일이라 아닐 수 없다. 우상숭배로 인해 12지파 가운데 요한계시록에서도 제외되고 하나님 공동체와 멀어진 비운의 단 지파가 그리도 좋을까?

한국 기독교 토착화 신학자들의 단 지파와 단군의 관계 주장을 믿
어서는 안 된다.

제13장

3대 족장들

아브라함

제13장 3대 족장들

족장(Patriarch)이란 한 부족의 우두머리를 말한다. 성경에서 족장은 주로 아브라함과, 이삭, 야곱 등을 말하며(히 7:4), 야곱의 열두 아들(행 7:8-9)과 다윗을 족장에 포함시키기도 했다(행 2:29). 어떤 학자들은 족장을 홍수 이전의 족장들, 홍수 이후 아브라함까지의 족장들, 그 후 이스라엘의 족장들로 나누기도 한다.족장들의 생활에 대해서는 고고학적인 자료들을 통해서 중기 청동기 시대(BC 2000-1500년)의 생활환경과 거의 일치한다는 것이 밝혀졌다. 대체로 오늘날엔 아브라함, 이삭, 야곱을 팔레스타인으로 이주한 반유목민으로 본다. 족장 제도 아래에서 종족을 지배하는 권한은 장남에게 있었으며, 가장은 하나님과 가족의 중간에서 제사장 역할을 했다. 족장 시대의 생활 관습이나 의복 등은 오늘날 중동의 아라비아인들과 비슷했을 것으로 보인다.

첫 번째 족장 아브라함

성경에 기록된 이스라엘의 최초의 족장은 아브라함이다. 아브라함의 이야기는 단순히 누군가의 이야기가 아니라 그 이상이다. 참된 믿음이 무엇인지에 대한 요약이기 때문이다. 아브라함의 삶의 이야기는 그가 살아가야 했던 과정과 그리고 그가 당했던 시험을 어떻게 극복했으며 그리고 많은 어려움에도 불구하고 항상 하나님에 대한 신뢰를 굳건히 지킨 것을 보여주고 있다. 아브라함의 삶은 또한 삶의 어느 시점에서 자신의 시련에 직면해야 하는 오늘날의 모든 신자에게 본보기가 되기도 한다.

이 첫 번째 족장의 이야기는 온 가족을 남겨 두고 미지의 땅으로 떠나면서 시작된다. 하나님의 부르심에 응답하여 가는 여정에 대하여 창세기는 다음과 같이 기록하고 있다. "너의 땅과 친척과 아버지의 집을 떠나 내가 네게 지시할 땅으로 가라." 여기서부터 하나님의 백성의 전형인 아브라함의 입증된 믿음이 시작된다. 믿음의 시작과 더불어 장차 열국의 아버지가 될 것이라는 하나님의 언약을 받아들이기는 했으나 동시에 이것에 대한 실천으로 아브라함은 자녀의 없음에 대하여 하나님께 호소했다. 인간의 생각이었다. "나의 주 하나님이여, 내게 자손을 주지 아니하셨나이다." 그러자 하나님은 아브라함과 다시 언약을 맺게 된다. 그날부터 하나님께서는 아브라함을 친구로 삼았을 뿐 아니라 아브라함에게 확신을 주기 위해서 "두려

위하지 말라"고 하셨다. "내 언약을 어기고 내 앞에서 약속한 것을 지키지 아니하는 자를 내가 둘로 나누리니 언약을 인봉한 송아지가 둘로 쪼개진 것과 같이 되리라" 하셨다.

여기서 배울 수 있는 교훈은 믿음은 우리를 하나님의 친구로 만들 수 있다는 것이다. 믿음의 대가로 하나님은 그의 친구 아브라함에게 약속의 아들인 이삭을 주셨다. 아브라함에게 주신 하나님의 약속을 듣고는 아브람은 곧 곧 절을 했다고 한다. 그때 하나님이 그에게 말씀하셨다. "내가 너와 맺는 이 언약에서, 나는 너에게 다음을 약속한다. 많은 민족이 너에게서 태어날 것이다. 이러므로 네가 다시는 스스로를 아브람이라 하지 아니하고 아브라함이라 부를 것이니 이는 네가 많은 민족의 아비가 되고 네 자손이 많이 왕이 될 것임이니라. 내가 너와 맺은 이 언약은 너의 후손에게도 적용되며 끝이 없을 것이다. 나는 너의 하나님이고, 나는 또한 너의 후손의 하나님이 될 것이다. 네가 지금 나그네로 사는 가나안 땅을 내가 너와 네 후손에게 영원히 주리라."

제1대 족장 아브라함은 데라의 아들로서 갈대아 우르 출신이다. 그런데 어떤 학자들은 아브라함이 메소포타미아의 남방 지역인 우르 출신이라는 것에 대해 의문을 제기한다. 그 이유로 칠십인역 성경에서 "갈대아 땅"이라고만 기록하였을 뿐이고 창 24:4, 7절에서는 북방 지역인 밧단아람이 아브라함의 본토로 묘사되었기 때문이다.

아브라함은 그의 아버지 데라와 함께 갈대아 우르를 떠나 하란에 거주하게 된다. 하란은 우르 문화권의 마지막 국경지대였으며, 니느웨와 바벨론, 다메섹과 두로와 이집트를 연결하는 교통의 중심지였다. 아브라함의 출생 연대에 대해서 학자들은 대략 BC 2166년으로 추정하고 또 아람 사람이라고 주장한다. 학자들은 아브라함의 연대를 추정하는데 있어서 세 개의 요소를 검토하는데 첫째 아브라함 출생부터 야곱이 이집트로 내려갔을 때의 기간, 둘째로 이스라엘의 애굽 체제 기간, 셋째는 출애굽의 연대에 대한 것이다. 그리고 아브라함은 아람 계통의 사람이라고 성경은 제시하고 있다. 이는 아브라함의 친척들이 사는 곳이 밧단아람이었으며 셈의 후손으로 아람과 에벨(히브리인의 조상으로 여겨짐)이 같이 등장하며, 신 26장의 원시 신앙고백에서도 자신들의 조상을 "유리하는 아람 사람"이라고 고백하기 때문이다.

아브라함은 하나님의 약속의 말씀을 듣고 하란을 떠나게 된다. 이 약속은 아브라함을 거쳐 그의 아들들에게 이어져 가는데 아브라함과의 이 "계약"이 이스라엘의 계약의 근간을 이루게 된다. 하란을 떠나 가나안 땅에 들어온 아브라함은 가장 처음으로 세겜 땅에 거주하게 된다. 세겜은 이후 이스라엘 역사에 있어서 하나님의 계약 갱신 등이 이루어졌던 중요한 위치를 점유하게 되며, 이곳 세겜에 있는 성소에서 이스라엘 열두지파가 지파 동맹을 맺음으로 이스라엘 국가의 시작이 되었던 곳으로 알려져 있다.

그렇기 때문에 구약 족장들의 역사 속에서 세겜이 중요 위치로 부각되고 있는 것이다. 이후 아브라함은 벧엘과 아이 근처에 터전을 잡았다가 점점 남방으로 내려간다. 그리고 가나안 땅에 심각한 기근이 일어나서 아브라함은 이집트로 내려가게 되는데 이곳에서 아브라함은 자신의 아내 사라를 누이로 속이게 된다. 아브라함이 사라를 누이로 위장하는 것은 이후에 그랄 왕 아비멜렉과의 기사 가운데 다시 한 번 더 등장하는데 이 사건은 그의 아들인 이삭에게서도 동일하게 나타난다.

이런 측면에서 살펴볼 때 아브라함은 당시 자신의 씨족 사회에서 지도자였을 것이다. 당시의 족장들은 '고독한 개별 인물들이 아니라 꽤 규모가 큰 씨족의 추장들'이라고 본다. 이 때문에 족장 설화에는 '개인과 집단이 뒤섞여 있으며, 개인의 행적은 집단의 행적을 반영한다'고 볼 수 있다. 아브라함은 돌아오는 길에 종교적 행위를 하게 되는데 그것이 멜기세덱에게 십일조를 바치는 장면이다. 그는 여기에서 하나님에 대해서 "지극히 높으신 하나님 야웨"로 호칭한다. 족장 시대에 나타난 하나님에 대한 칭호를 살펴보면 "엘 샤다이(전능하신 하나님)", "영원한 하나님", "감찰하시는 하나님" 등이다. 또한 족장들은 이 하나님을 자신들의 하나님으로 묘사하고 있다. "아브라함의 하나님, 이삭의 하나님, 야곱의 하나님" 이러한 명칭들은 씨족의 우두머리와 그의 하나님과 밀접한 개인적 유대를 보여준다.

　얼마 지난 후에 아브라함은 또 다시 아들이 없음을 안타까워해서 자기 집의 종인 엘리에셀을 자기 상속자를 삼으려고 한다. 또한 아내의 여종인 하갈을 취해서 아들을 낳아 상속자를 삼으려 했다. 고고학적 문서인 누지문서에 이 사건도 기록되어 있다. 누지는 현재의 북부 이라크 지역에 위치했던 장소로 1925-1931년에 약 20,000매 가량의 서판이 발굴되었다. 그것들은 기원전 2000년대의 것으로 추정된다. 누지문서에 따르면 아들이 없을 때 상속자가 된 이들은 아들이 태어나게 되면 그 모든 권리를 양보해야만 했다. 다만 첩에게 태어난 아들은 자기 집에 계속해서 거주할 수 있었다. 때문에 아브라함은 하갈과 이스마엘을 자기 집에서 내어 쫓는 것에 대해 주저하고 있었던 것이다. 그러나 하나님께서는 아브라함에게 씨와 땅에 대한 약속을 체결하신다. 그리고 그가 소유할 땅의 경계를 알려 주는데 애굽강에서부터 유브라데강까지라고 말씀하신다. 이는 "비옥한 초승달 지역"을 의미하는데, 이 지역은 활 모양을 한 비옥한 땅으로 아라비아 사막을 거쳐 접경으로써 페르시아만에서부터 티그리스와 유프라테스강의 충적평야를 거쳐 시리아와 팔레스타인을 돌아 이집트의 나일강까지 뻗어 있는 지역이다. 이곳은 고대의 문명 발상지로 히브리인들이 출현하기 전 수세기 동안 인간 활동의 중심 무대를 이루고 있었다. 이후 아브라함은 또 다른 종교적 행위를 수행하게 되는데 그것은 곧 할례이다. 이후 할례를 이스라엘 백성이 된 표지로 작용하게 된다.

이후 아브라함은 다시 남방으로 이주하여 가데스와 술 사이 그랄에 거주하게 된다. 그리고 그의 상속자인 이삭을 그랄에서 낳게 된다. 그리고 그랄에서 아브라함은 우물을 파게 되는데 이는 그가 반(半) 유목민임을 보여주는 단서이다. 반유목민들은 목축업과 농사를 겸했으며, 정착지를 가지고 있으면서도 푸른 초원을 찾아 이동하는 사람들이다. 요셉이, 그의 형들이 양을 치러 간 곳으로 아버지 야곱의 심부름을 간 이유도 바로 이들이 반유목민이었던 이유이다. 그런 뒤 아브라함은 언제인지는 모르지만 헤브론 지역으로 돌아오게 되고 그곳에서 사라는 역사의 현장에서 사라진다. 아마도 이때에 아브라함과 이삭이 서로 독립되어 있었던 것 같다. 아브라함은 사라를 장사지내기 위해 헤브론에 있는 막벨라 굴을 헷 족속에게서 사게 된다. 이 땅이 공식적으로 아브라함의 소유가 된 땅이었다. 사라가 죽은 후 아브라함은 후처를 맞이하여 자녀를 낳고 일백 칠십 오세에 그의 조상에게로 돌아간다.

두 번째 족장 이삭

여러 해 동안 아브라함에게 주신 하나님의 약속이 이루어졌다. 오랜 세월이 지난 후에 하나님이 약속을 성취하시니 곧 이삭의 탄생이다. 이삭은 하나님의 약속이 그의 부모의 조건 하에서 이루어질 수 있다는 것을 보여 주었고 드디어 사라는 늙어서 아브라함의 아들을 낳게 되었다. 두 번째 족장 이삭은 그의 후손을 위해 아브라함에게 하신 하나님의 약속을 상속받았다. 하나님은 아브라함과 그의 아들 이삭을 시험하시지만, 시험 후에 아브라함은 아들 이삭을 더 사랑하게 된 것을 알게 된다. 그는 그보다 훨씬 전부터 하나님을 더 사랑하고 순종했기 때문에 그 대가로 축복된 아들을 다시 얻게 되었다. 이것은 하나님께서 우리의 헌신이나 순종을 기뻐하시고 승인하신다는 것을 가르쳐준다. 하나님께서 아브라함에게 하신 요청에서 아버지와 아들 이삭은 같은 희생으로 연합되었다. 이삭은 자신의 운명을 하나님께 제물로 바치며 불을 지필 나무를 밑에 짊어지고 있었다. 그러나 하나님은 그의 조상 아브라함의 신실한 순종으로 그를 구원하시고 그의 후손들과 함께 축복하셨다.

제2대 족장 이삭은 아브라함의 나이 100세가 되어서 태어났다. 그의 탄생은 기적적인 방법에 의한 것임을 성서는 증거한다. 기적적인 방법으로 태어난 이삭은 여러 가지 시련을 겪게 되는데 그 처음이 그의 이복형인 이스마엘로부터 조롱을 받는 것이었다. 그리고 그는 일생일대에 아주 중요한 일을 겪게 되는데 그것이 바로 위에서 설명한 모리아산에서 제물이 되는 것이었다. 여기에서도 그는 기적적인 방법으로 자신의 생명을 보호받는다.

그는 청년 시절에 그의 아버지 아브라함을 떠나 네게브 지역에 거주하였다. 그리고 밧단아람 출신 처녀인 리브가와 결혼을 하게 된다. 그 후 그의 아버지 아브라함이 죽은 뒤에는 브엘 라헤로이 근처에서 거주하였다. 그러나 가나안 땅에 두 번째 흉년이 오게 되자 그의 아버지 아브라함처럼 이집트로 가기 위해 그랄 지역에 이르게 된다. 그는 이곳에서 야웨로부터 그의 아버지 아브라함에게 약속했던 계약 사항을 다시 듣게 된다. 또한 아브라함처럼 그도 그의 아내를 누이로 속이게 되는데 둘 다 모두 그들의 상대역으로 아비멜렉이 등장한다. 이 때문에 많은 학자들은 두개의 기사가 원래는 하나인데 아브라함과 이삭에게 중복되게 기록하였다고 주장한다. 그러나 이것은 잘못으로 인하여 중복된 기사라기보다는 성서 기자가 아브라함과 이삭을 유비시키기 위한 의도적인 구성이라고 볼 수 있다. 그런데 여기에서 역사적인 문제는 아비멜렉을 블레셋 왕으로 묘사하고 있는 것이다. 블레셋 족은 일반적으로 해양민족으로서 가나안에 이주해온 것으로 알려지는데 BC 1200년대 이전에는 가나안 땅에 들어오지 않았으며, 특히 가나안 남부 해안 지역에 거주하지 않았다. 때문에 아브라함과 이삭 당시에 아비멜렉을 블레셋 왕이라고 표현한 것은 해결하기 어려운 난점이다.

이삭에게는 쌍둥이 아들 둘이 있었는데 하나의 이름은 에서이며, 다른 하나는 야곱이다. 이 둘은 태속에 있을 때부터 서로 다투었다. 결국 이삭이 나이 많았을 때 문제는 발생했고 이로써 야곱의 기나긴 나그네 인생이 시작되었고 죽음 직전에서야 이삭은 야곱과 재회한다. 그리고 그의 행로는 여기에서 그쳤다. 그의 나이 일백팔십 세로 생을 마감한 것이다. 이삭은 이스라엘의 선조로 여기는 아브라함과 이스라엘의 열두지파를 이루게 한 야곱을 잇는 가교 역할을 하였다.

세 번째 족장 야곱

아브라함의 아들 이삭에게는 에서와 야곱이라는 두 아들이 있다. 세 번째 족장은 아브라함과 달리 어릴 때부터 자신의 소명을 깨달은 야곱이 될 것이 예언되어 있기 때문이다. 야곱은 먼저 에서를 판단하고 책임이 없다고 여겨 장자권을 빼앗게 되었다. 그러나 그는 하나님께서 부모에게 베푸신 장자권이 축복의 대가인 것을 알지 못했다. 야곱은 자신이 축복을 훔치도록 격려해 줄 어머니가 필요했다. 야곱은 어머니의 도움과 그의 책략을 통하여 장자권을 빼앗으나 자신의 나쁜 행위의 결과를 깨닫고 목숨을 유지하기 위해서 도망을 가게 되었다. 그러나 다행이도 야곱은 도망친 나그네의 삶을 살아야 했기 때문에 하나님을 만나게 된 것이다. 야곱은 피난처에서 하나님의 약속에 대한 유일한 상속자가 되는 책임을 깨닫게 되었다. 성서는 족장 야곱을 하나님의 약속에 대한 큰 확신을 가진 강하고 교활한 사람으로 표현하고 있다. 끈질긴 일꾼이었던 야곱이 도망하는 삶에서 하나님의 축복이 동행하게 되었다.

사도바울은 하나님께서 족장인 아브라함과 야곱에게 축복을 주신 것에 대하여 다음과 같이 기록하고 있다.

하나님이 아브라함에게 축복을 주시게 된 것은 그의 믿음이라고 사도바울은 지적하고 있다. 사도바울은 특히 아브라함을 믿음의 원형으로 인정하고 있다. 아브라함은 자신이 행한 일과 하지 않은 일 때문에 하나님 앞에서 스스로 의롭게 된 것이 아니라 하나님이 대신 그를 전적으로 신뢰했기 때문이라고 말하고 있다(로마서 4:1-25 참조).

하나님은 그 시대의 선지자들에게 하신 것과 같은 권위로 아브라함을 부르셨다. 같은 방식으로 우리 시대에 우리의 믿음은 하나님의 부르심에서 태어나게 된다. 믿음으로 하나님은 우리에게 어느 정도의 믿음을 주셨지만 우리는 그것에 합당한 행동을 하지 않았다. 그러나 하나님은 우리를 아끼시고 사랑하시기 때문에 먼저 일을 행하신다. 아브라함 자신은 다른 사람을 위해 자기 땅을 떠나기로 결정하지도 않았고, 하나님을 섬기기 위해 새로운 길을 찾지도 않았다. 그러나 하나님은 부르심을 받은 자들을 때로는 갑자기 시험하여 믿음이 자랄 수 있도록 하신다. 하나님은 시련의 시간에도 믿음의 부르심에 굳건히 서 있는 자들을 위해 가장 큰 선물을 예비해 두신다.

베드로전서 1:1절에 이렇게 기록되어 있다. "불로 금을 연단하는 것 같이 너희 믿음이 금보다 더 귀하여도 연단함을 받고 있느니라. 그리하면 너희 믿음이 그 많은 시련 중에 굳게 서서 예수 그리스도께서 온 세상에 나타나시는 날에 너희에게 많은 칭찬과 영광과 존귀를 가져다 줄 것이니라."

야곱은 하나님께 드리는 기도를 통해 우리에게 기도란 단지 그의 뜻이 우리 안에서 이루어지기를 구하고 그것을 받아들이는 데 필요한 힘을 구하는 것이 아님을 가르쳐준다. 기도는 또한 하나님께 도전하는 것이다. 그분의 약속을 신뢰하고 그분이 우리의 간청에 귀를 기울이신다는 것을 아는 것이다. 마찬가지로 야곱은 하나님의 약속이 시들어가는 것처럼 보일지라도 우리가 하나님의 뜻을 계속 추구하려면 사랑과 믿음이 자라야 한다고 가르친다. 야곱은 아브라함의 후손으로서 자신에게 주어진 약속을 알았기 때문에 형 에서를 마주하는 것이 두려웠음에도 불구하고 이를 실천했다. 마찬가지로 우리 각자는 교회의 회원으로서 그리스도를 섬기는 일에서 우리의 의무와 사명을 발견해서 성취해야 한다.

그러나 우리의 사명을 수행한다고 해서 아무 노력 없이 이루어지거나 모든 일이 잘 될 것이라는 의미는 아니다. 야곱에게 그랬듯이 우리도 하나님의 목적에 따라 삶을 영위하고자 하는 열망과 의지가 있어야 하기 때문이다. 뿐만 아니라 믿음을 잃지 않고, 결국에는 하나님께서 약속하신 바가 이루어지리라는 확신도 필요하다. 오늘날 많은 신자들은 우리가 사는 세상을 더 좋고 더 정의롭게 만들기 위해 무엇을 해야 하는지 알고 있다. 그러나 우리는 그것을 실행하기 위해 노력하지 않는다. 우리는 하나님이 약속하신 축복을 빼앗았던 그 시대의 야곱처럼 투사가 되기로 결정한 것은 결코 아니다.

제3대 족장 야곱은 족장사에 있어서 가장 중요한 인물이라고 말할 수 있다. 그 이유는 그의 아들들로 인하여 이스라엘의 열두지파가 생겨나기 때문이다. 이 문제에 대하여 열두지파 동맹설을 주장하면서 야곱의 열두 아들로 이스라엘이 이루어졌다고 성서가 기록하는 것은 혈연관계를 통한 이스라엘 열두지파의 연합과 단합을 추구하기 위해 후시대에 상정한 것으로 보고 있다. 야곱은 그의 쌍둥이 형 에서와의 문제로 인해 밧단아람에 있는 삼촌 집에 가서 청년시절을 보내고 두 아내를 맞이하여 가나안 땅으로 귀환하게 된다. 그는 밧단아람으로 가는 도중에 아주 중요한 종교적 체험을 하게 되는 데 그것이 바로 벧엘에서 하나님을 만나는 사건이다. 이곳의 원래 이름은 루스였는데 이 사건으로 인해 벧엘로 불려지게 되고 이스라엘 종교에 있어서 아주 중심적인 역할을 감당하는 중요한 성소가 있게 된다.

야곱은 20년을 밧단아람에서 살고 가나안으로 돌아오게 된다. 돌아오는 도중에 그는 얍복강에서 "이스라엘"이라는 새 이름을 얻게 된다. 야곱의 이름이 바뀌는 때는 얍복강 사건과 가나안 땅에 상당히 거주한 이후에 벧엘에서 일어났음도 성서는 기록하고 있다. 이로써 그는 이스라엘이라는 정치적 집단의 시초가 되게 된다. 그가 얻은 열두 명의 아들은 이스라엘 각 지파를 구성하는 기본 단위가 되게 된다. "어떤 민족도 한 가계나 혈통에서 유래할 수 없다"고 보고 후대의 이스라엘 백성들이 자신들이 "한 선조에게서 유래" 되기를 원했을 것이라고 주장한다. 야곱은 사랑하는 아내 라헬이 막내 베냐민을 낳다가 죽는 것을 보고 아버지가 살아 계시는 헤브론에서 함께 거주하게 된다. 또한 그는 자신이 가장 사랑했던 아내인 라헬이 낳은 아들 중 큰 아들인 요셉에게 특별대우를 했는데 그것이 다른 형제들에게 요셉이 미움을 사게 하는 계기가 되었다. 그는 요셉을 잃고 이후 노년에 이집트와 그 주변 지역에 기근이 들게 되어 극적으로 요셉과 재회하고 자기의 생을 이집트에서 마감한다. 그의 유골은 아브라함과 이삭이 묻힌 막벨라 굴에 장사된다.

보통 족장은 3대를 가리키고 있으며 제4대 족장이라고 할 수 있는 요셉의 역사는 소설 같은 역사이다. 그는 아버지 야곱의 총애를 한 몸에 받고 자라났다. 그런 그가 형들의 미움을 받아 이스마엘 사람들에게 팔리고 그들을 따라 이집트로 내려가게 된다. 요셉은 이집트에 내려가 보디발의 집의 종으로 들어가게 된다. 요셉은 주인으로부터는 인정받았으나 여주인의 모함으로 감옥에 갇히는 신세가 된다. 그리고 그는 감옥에서 자신이 이집트의 총리가 될 수 있는 기회를 얻게 되어 바로 앞에 서게 되고 이집트의 총리가 되게 된다. 요셉이 이집트에 체류한 기간을 이집트의 중왕국의 12왕조로 추정하고 있다. 이후 이집트와 주변 지역에 큰 기근이 들게 되고 그의 형들이 가나안에서 양식을 구하기 위해 이집트에 내려왔을 때 그의 형제들과 만나게 된다. 그리고 요셉은 그의 아버지 야곱과 그의 가족 모두를 이집트의 고센 땅에 거주하게 한다.

열국의 어머니 사라에 대한 평가

사라 (아브라함의 부인)

제14장 열국의 어머니 사라에 대한 평가

열국의 어머니라 일컬어지는 사라에 대하여 학자들은 어떻게 평가하고 있는가? 보수적인 견해를 가진 학자들은 성경이 제시하는 한도를 벗어나지 않는 상태에서 대부분 긍정적으로 평가하려고 노력하고 있다. 반면에 비평적이고 논쟁적인 자유주의 학자들은 사라에 대하여 부정적인 견해를 펴고 있으며 열국의 어머니로서의 자격이 많이 결여되었다고 보고 있다. 특히 사라가 순종적이며 믿음의 여인인 동시에 다혈질 성격을 가졌고 시기와 질투가 강한 여인으로 묘사하고 있다.

우선 성경이나 Oral Torah(구두로 전해지는 Torah)는 사라는 빼어난 미모를 지녔고 총명하며 강한 의지를 가진 불같은 정열의 여인이라고 표현한다. 아버지가 맺어준 인연을 거부하고 도망갈 수도 있었고 자기의 오빠와 결혼을 반대할 수도 있었다. 그러나 그는 순종하여 아브라함 즉 오빠와 결혼을 하였으나 불임으로 인해 숱한 시련을 겪는다. 마치 운명 같은 그녀의 방황은 하나님이 예비한 시험의 과정이라고 볼 수 있다. 그러나 말 못할 불임의 병 때문에 그녀는 견딜 수가 없었을 것이라고 묘사하고 있다.

Oral Torah는 계속해서 사라가 아브라함과 결혼을 하지만 아브라함도 본인이 원치 않아도 아버지의 권유로 사라를 아내로 맞아들일 수밖에 없었을 것이다. 당시의 습관과 전통에 따라서 친족 간의 결혼이 허락이 되어 있어서 어쩔 수 없었을 것이라 보고 있다. 결국 아브라함과 사라는 아버지의 가족에서 떠나 새로운 가정을 꾸미게 된다. 그러나 아브라함은 오랫동안 주위의 따가운 시선에도 불구하고 자식을 낳지 못하는 아내를 변함없이 보호해야 하는 충실한 남편으로, 어떤 시련과 어려움 속에서도 하나님에 대한 믿음을 결코 저버리지 않는 신실한 믿음의 조상으로 남을 수밖에 없었다. 반면에 사라의 종으로 들어와 자기보다 먼저 아들 이스마엘을 낳은 하갈은 관능적인 미모의 소유자로, 처음엔 이집트의 공주였지만 후에 사라의 여종이 되었다. 사라만큼 지적이지는 않지만 빼어난 미모로 뭇 남성들의 눈길을 끈다. 말년까지 아이를 낳지 못한 사라가 아브라함과 동침할 것을 권해 이스마엘을 낳았지만 사라와 계속 갈등을 빚게 되어 사라의 불행은 점점 더 커졌다.

아브라함의 아내 사라는 열국의 어머니이지만 과연 많은 사람에게 사랑받는 인물이었을까? 더욱이 사라는 아브라함에게서 사랑받았으며 살았을까? 아브라함의 아들 이삭은 아내 리브가를 사랑하였다(창 24:67). 아브라함의 손자 야곱도 아내 라헬을 사랑하여 칠 년을 며칠같이 지냈다(창 29:18, 20, 30)고 기록되어 있다. 그런데 성경은 아브라함이 아내 사라를 사랑했다는 말을 단 한 번도 언급하지 않았다. 왜 그랬을까? 의도적으로 생략한 것일까? 아니면 정말 아브라함이 아내를 사랑하지 않아서일까? 사실 우리는 자세한 내막을 알 수 없다. 그러나 성경에 사라가 처음 등장할 때 '저주받은 여인'의 모습이었다. 창세기 11장에서 사라의 모습을 아주 간단하게 서술하였다. "사래는 임신하지 못하므로 자식이 없었더라"(창 11:30).

고대 이스라엘 사회에서 아이를 낳지 못하는 여인은 하나님께 저주받았다고 생각하였다. 조선 시대 아내와 이혼할 수 있는 조건 일곱 가지를 칠거지악이라 불렀다. 첫 번째는 시부모에게 순종하지 않는 것이고 두 번째는 아이를 낳지 못하는 것이다. 고대 사회에 자녀를 출산하여 집안의 대를 이어 주는 것은 여자의 가장 큰 의무였다. 특별히 유목사회인 고대 중동에서 아들은 그 무엇보다 소중하였다. 성경에서 아들에 대한 가장 강한 집착을 보인 사람은 아브라함이다.

사람들에게 저주받은 여인이라고 손가락질 받으며 사는 삶은 어떨까? 조해진 작가가 쓴 『환한 나무 꼭대기』의 표현을 빌리면, "날마다 그녀의 일부가 하수구로, 하수구의 구정물 속으로 흘러들어 가는" 것처럼 느끼지 않았을까? 창세기 11장에 임신하지 못하여 자식을 낳지 못하는 사라로 표현한 짧은 문장 속에 사라의 긴 설움과 애환이 스며 있다. 남편의 기대, 시아버지의 눈총, 주위 사람들의 멸시하는 눈을 의식하며 그녀는 날마다 힘겹게 살아갔다.

아브라함은 100세가 되어서야 아들을 낳았다. 그 긴 기간에 아브라함의 간절함, 초조함, 아들에 대한 갈망과 실망을 옆에서 지켜보며 그 모든 감정에 책임을 져야 했던 사라의 삶은 행복하지 않았다. 아브라함이 75세 되던 해 하나님은 아브라함에게 새로운 민족에 대한 비전을 주면서 고향을 떠나라고 하였다. 물론 아브라함은 갈 바를 알지 못하지만, 믿음으로 떠난 것은 사실이다. 그러나 그의 결단에는 아이를 낳고 큰 민족을 이룰 수만 있다면, 고향을 백 번 천 번 떠나라고 해도 떠날 수 있었던 인간적인 요인도 있다는 것을 우리는 생각해야 한다. 그만큼 아브라함은 자녀를 간절하게 소망하였다.

부부 관계가 정상적이었다면, 아브라함이 하나님께 소명과 비전을 받았을 때 부인에게 이야기하였을 것이다. 큰 민족에 대한 소망, 자손이 창대해지리라는 비전을 들었을 때 사라는 어떤 기분이었을까? 만일 하나님의 비전이 사실이라면, 임신할 수 없는 자신은 그 하나님의 비전에 참여할 수 없는 실존적 한계가 있다는 뜻이다. 아이를 낳지 못하는 저주받은 여자 사라는 남편이 하나님에게 들었던 말씀과 비전을 나눌 때 함께 기뻐할 수 없는 큰 슬픔이 그녀의 가슴에는 있었다. 아브라함을 향한 하나님의 놀라운 계획과 약속에 자신이 자리할 곳은 없었다. 그녀는 임신하지 못하는 여인이었기 때문이다.

고향을 떠나 남편을 따라다니면서도 사라는 언제나 가슴에 큰 납덩어리를 안고 있는 것 같았다. 가나안 땅에 기근이 들어서 애굽 땅으로 내려갔을 때 남편은 사라에게 제안하였다. "당신은 정말 아름다운 여자요. 이집트 사람들이 당신을 보면 당신이 내 아내인 줄 알고 나를 죽이고 당신은 살려줄 것이오. 그러니 당신은 그들에게 내 누이라고 말하시오. 그러면 당신 덕택에 내가 죽임을 당하지 않고 좋은 대접을 받게 될 것이오."(창 12:10-12, 현대인의 성경)

세상에 이런 남편이 어디 있을까? 이 일은 한 번이 아니었다. 그랄 왕 아비멜렉에게도 똑같은 실수를 반복하였다. 콜롬비아 대학의 나오미(Naomi A. Steinberg) 교수는 아브라함이 자기 부인 사라를 제거할 생각으로 이런 말을 한 것으로 추측하였다. 만약 사라만 없다면, 아브라함은 떳떳하고 당당하게 새장가를 들어 자녀를 낳을 수 있을 것이다. 이런 말도 안 되는 남편의 말에 사라는 아무런 반응을 보이지 않았다. 아이도 낳지 못하는 저주받은 여자가 남편을 죽음의 자리로 모느니 차라리 자기가 죽는 게 낫다고 생각하였을지 모른다.

그녀는 하나님에게도 남편에게도 버림받은 여자였다. 그녀는 사랑은커녕 버림받은 여자 취급 받았다.

창세기 18:11-12절을 근거로 아브라함과 사라는 부부 관계를 하지 않았다고 주장할 수도 있다. "아브라함과 사라는 나이가 많아 늙었고 사라에게는 여성의 생리가 끊어졌는지라. 사라가 속으로 웃고 이르되 내가 노쇠하였고 내 주인도 늙었으니 내게 무슨 즐거움이 있으리요"(창18:11-2). 11절의 '생리'는 히브리어 특유의 말장난으로 '부부 관계'를 뜻한다. 12절에서 사라가 독백하기를 "내게 무슨 즐거움이 있으리요" 했는데 이 역시 부부 관계를 뜻한다. 그러니까 아브라함과 사라가 부부 관계를 하지 않은지 꽤 오래되었음을 보여준다. 나이도 들었고, 부부 관계도 없고, 사랑도 받지 못하고, 아이도 낳지 못하는 사라는 어떤 마음이었을까? 절망, 외로움, 상실, 두려움, 분노, 원망. 그녀는 정말 하기 싫었지만, 자기의 몸종 하갈을 통해 아들을 낳자고 아브라함에게 제안하였다. 이제 자신에겐 소망이 없음을 완전히 인정하였다. 모든 소망과 기대를 접었다. 사라의 가슴은 갈기갈기 찢어졌다.

다행히 고대 사회에서 여종이 아이를 낳으면, 당연히 여주인의 아이로 인정했다. 그러므로 고대 사회에서 여주인이 여종을 시기하는 건 있을 수 없다. 야곱의 부인 라헬과 레아가 아기 낳기 경쟁을 벌였을 때, 여종을 통해 낳은 아이들을 자기 아이로 인정했다. 라헬과 레아는 여종을 전혀 시기하지 않았다. 시기는 본처 사이에서, 이를테면 라헬과 레아 사이에서나 있을 수 있지 여종을 시기하는 경우는 없다.

그런데 사라는 하갈을 시기하고, 미워하고, 죽이려고 하였다. 왜? 그건 사라가 남편에게 사랑받지 못했다는 뜻이고, 이제는 아내의 자리마저 위험하다는 뜻이다. 사라가 하갈을 쫓아내려고 한 것은 두 번이었다. 한 번은 하갈이 임신했을 때고, 또 한 번은 사라가 이삭을 낳은 후다. 처음 하갈을 쫓아낼 때 아브라함은 아무런 감정을 보이지 않았다. "당신의 여종은 당신의 수중에 있으니 당신의 눈에 좋을 대로 그에게 행하라"(창16:6). 그러나 두 번째 사라가 하갈을 쫓아내려 할 때는 아브라함이 근심하였다(창 21:11). 사라와 부부 관계를 하지 않고 하갈과 부부 생활을 한 지 십수 년이 지났기 때문이다. 아브라함이 사랑했던 여자는 사라가 아니라 오히려 하갈이었다.

유대의 랍비 문헌 "미드라쉬 라바"는 사라가 죽은 후 아브라함이 정식 부인으로 맞이한 그두라는 사실 하갈이라고 한다. 아브라함이 죽었을 때 이삭과 이스마엘이 함께 아버지 장례식을 치렀다(창 25:9). 이로 보건대 아브라함이 하갈과 이스마엘을 완전히 쫓아내어 두 번 다시 보지 않은 것은 아니다. 유대 랍비 문헌대로 오히려 아브라함이 하갈을 정식 부인으로 받아들인 것이 더 논리적인 것 같다.

결론적으로 사라는 남편의 사랑을 받지 못한 불행한 여자였다. 그녀는 평생 불임녀라는 꼬리표를 달고 살았다. 그녀의 아픔과 눈물과 절망감을 우리는 도저히 상상할 수 없다. 그런 면에서 몸종이었던 하갈을 학대하고 미워하고 쫓아내려 한 사라의 마음을 조금은 이해할 수 있다.

그런데 여기서 '아브라함의 씨'에 대해 생각해 보자. 문자적으로 아브라함의 씨라고 하면 아브라함의 자녀를 뜻한다. 성경에 기록된 아브라함의 자녀는 이삭, 이스마엘, 시므란, 욕산, 므단, 미디안, 이스박, 수아 등이다. 그러나 그들을 아브라함의 씨로 인정하지 않고, 오직 사라가 낳은 이삭만 아브라함의 씨라고 하였다. 바울은 말하였다. "또한 아브라함의 씨가 다 그의 자녀가 아니라 오직 '이삭으로부터 난 자라야 네 씨'라 불리리라"(롬 9:7).

정확히 말하면, 그건 '아브라함의 씨'라기 보다는 '사라의 씨'다. 그러므로 씨에 대한 하나님의 언약은 아브라함보다는 사라에게 준 것이라고 할 수 있다. 사라는 알지 못했지만, 하나님은 저주받은 불임녀, 남편의 사랑을 받지 못한 여자, 희망 없는 사라를 향한 아주 특별한 계획을 가지셨다. 아브라함의 씨라고 다 아브라함의 씨가 아니라 바로 사라, 그녀를 통하여 낳은 자녀를 아브라함의 씨라고 하였다. 그것은 하나님이 처음 아브라함에게 주셨던 비전과 계획은 사라를 통해서 이루어진다는 뜻이다. 하나님은 처음부터 구원 역사의 계획에 사라를 생각하였다. 시간의 한계에 갇혀 있었던 사라는 장차 보여줄 하나님의 놀라운 계획을 알 수 없었기에 평생을 긴 한숨과 눈물과 분노와 절망을 안고 살았다. 만일 그녀가 과거와 현재와 미래를 모두 내다보는 하나님의 시각을 가졌더라면, 그녀는 생각만큼 고달픈 삶을 살지 않았을 것이다. 결론을 몰랐기에, 하나님의 계획을 몰랐기에 그녀는 어두운 나날을 보냈다. 시간의 한계 속에 사는 우리도 사라와 비슷한 감정을 느끼며 어둡고 우울한 하루하루를 보낼 수 있다. 과거와 현재 그리고 미래 모두를 내다보시고 역사의 결론을 찍으실 하나님의 계획을 안다면 우리는 비록 펜데믹 같은 어두운 기간이라 할지라도 감사하며 보낼 수 있다. 그러나 인간은 하나님이 아니다. 시간의 한계를 뛰어넘어 역사의 결론을 볼 수 없다.

다행스러운 것은 우리는 성경을 통하여 하나님의 일하는 방식을 볼 수 있다. 깊은 수렁에서 건지시는 하나님, 절망과 어둠 속에 사는 사람을 긍휼히 여기시고 사랑하시는 하나님, 행복하게 사는 사람보다 하수구 통에 빠져 허우적거리는 사람을 귀히 여기시는 하나님, 하나님은 언제나 약한 자를 들어 쓰시기를 기뻐하신다. 고통 가운데 신음하는 사람을 살피시고, 소외당하는 주변인과 함께하시는 하나님의 모습은 모든 약한 자에게 복음이다. 사라는 개인적으로 볼 때 거의 전 인생을 불행하게 살면서 소망 없다고 생각했을지 모르지만, 하나님은 그녀를 향한 계획과 비전과 소망의 끈을 놓지 않으셨다. 하나님은 사라를 통하여 구원 역사를 이루셨다. "여호와의 말씀에 내 생각은 너희 생각과 다르며 내 길은 너희 길과 달라서 하늘이 땅보다 높음 같이 내 길은 너희 길보다 높으며 내 생각은 너희 생각보다 높으니라"(사55:8-9).

결과적으로 열국의 어머니로 상징되는 사라에 대한 성경의 내용을 종합해 보면 다음과 같다.

첫째로 인적 사항을 보면 사라는 아브라함의 이복누이 동생(창 20:12)이고 아브라함과 결혼하였으며(창 11:29) 사래(영화롭다는 뜻)에서 '열국의 어머니'라는 뜻의 '사라'로 개명됨(창 17:15-16).

둘째로 선민 언약의 1대 상속자인 독자 이삭을 낳았다(창 21:1-7). 시대적 배경을 보면 B.C. 2156-2029년경, 그녀는 하나님의 언약을 따라 본토 친척 아비 집을 떠나 낯선 땅으로 이주해 간 아브라함을 좇아 일평생을 이주자요 나그네의 아내로서 살다 갔다. 그녀 당시 메소포타미아에는 우르 왕조의 문명이, 애굽에는 바로 전제 정권이 확립되어 있었고, 가나안 땅에는 통일 세력은 없어도 가나안 족들이 토착 세력을 형성하고 있었다. 그녀는 이런 지대에서 주로 이동 유목 생활을 하며 언약 가문의 정실부인으로서 살았다.

사라의 생애를 이삭 출생 전과 이삭 출생 후로 나누어 보자.

이삭 출생 전에는 (1) 갈대아 우르에서 출생(BC 2156년: 창 11:28, 29), (2) 아브라함과 결혼(창 11:29), (3) 아브라함과 함께 가나안 이주(65세, BC 2091년: 창 12:4, 5), (4) 애굽에서의 위기(창 12:10-16), (5) 여종 하갈에게서 이스마엘 출생(76세, BC 2080년: 창 16:1-16), (6) 이삭 출생의 예언(89세, BC 2067년: 창 17:15-22), (7)블레셋 그랄에서의 위기(창 20:1-18, 8) 등으로 구분될 수 있다.

이삭 출생 후에는 (1) 이삭의 출생(90세, BC 2066년: 창 21:1-7), (2) 사라의 죽음과 장사 지냄(127세, BC 2029년: 창 23:1-20) 등으로 나뉘진다.

사라의 성품을 정리해 보면 남편 아브라함에게 순종하는 정숙한 성품(벧전 3:6), 아브라함에게 자녀 약속이 주어졌음에도 불구하고 오래 참지 못하고 자신의 여종을 통해 서자라도 자녀를 갖고자 하는 조급한 성품(창 16:2, 3), 자신이 속으로 웃었음을 지적하는 천사의 말에 당황하여 부인하는 연약한 성품(창 18:15), 여종의 멸시를 참지 못하는 좁은 성품(창 16:4, 5), 아들 이삭을 희롱하는 여종의 아들 이스마엘의 소행을 참지 못하는 질투심 있는 성품(창 21:8-14) 등이다. 사라의 구속사적 지위를 생각해 본다면 사라는 하나님으로부터

'열국의 어미'가 되는 약속을 받고(창 17:15, 16), 약속된 자식 이삭을 낳음으로 최초의 선민 자손을 낳는 어머니가 된 것이다(창 17:17-22; 21:1-7).

사라의 주요 공적을 조사해 보면 사라는 그 고달픈 이주자의 길에서 묵묵히 남편을 내조하며 언약 가문의 초대 정실부인으로서 지위를 지키고, 늙어 단산하였으나 믿음으로 잉태하는 힘을 얻어 약속된 자손 이삭을 낳은(창 21:1-7; 11:11, 12) 일이다. 그리고 사라의 주요 실수를 열거하면 하나님께서 자녀에 대한 약속을 아브라함에게 주셨음에도 불구하고, 자녀를 얻고자 하는 욕망에 조급하여 자신의 여종 하갈을 아브라함에게 주는 인간적 방법으로 육신의 자손 이스마엘을 낳게 한 것(창 16:1-16)과 후에 이스마엘 자손이 이스라엘 자손과 수많은 적대 관계를 형성하게 된 빌미를 제공한 것이다.

지금까지 4000여 년이 지난 오늘날 사라를 일반적으로 어떻게 평가할 것인가에 대하여는 학자마다 의견이 다양하다. 그러나 대강 정리해 보면 사라는 자기 남편 아브라함을 '주'라 불러 순종하면서 그를 도와 언약 가문을 잘 꾸려 나갔다. 이와 마찬가지로 오늘날의 우리 여성들도, 하나님의 창조 원리상 그 권위의 순서가 따로 있다기보다 남편을 사랑하기 때문에 순종함으로 자신의 품위를 지켜 나가는 것이 현명하다고 생각된다. 이것은 역으로 말한다면 여성으로서 자신을 비하하는 것이 아니라 자신을 올바로 지키는 것이라고 생각하는 것이 옳을는지 모른다. 사라는 89세의 늙은 여자로 단산하였으나 믿음으로 잉태하는 힘을 얻어 약속된 자손 이삭을 낳았고(창 17:15-22) 이것은 "믿음은 바라는 것들의 실상이요 보지 못하는 것들의 증거니"(히 11:1)라는 말씀과 같이 우리 성도들이 외적인 상황이나 상태와는 상관없이 하나님의 약속된 말씀을 믿고 순종할 때 하나님의 크신 은총을 받음을 암시해 준다(막 9:22-24). 사라는 하나님께서 자녀의 약속을 아브라함에게 주셨음에도 불구하고, 그 성취가 늦어지자 조급하여 그의 여종 하갈을 통해 육신의 자손 이스마엘을 낳게 하는 실수를 범하였고(창 16:1-16), 이것은 후사의 약속을 주신 하나님께 그 성취의 과정과 방법을 온전히 기다리지 못하고 인간적 방법을 동원한 것이다. 그러나 하나님은 구속사에 관련해서는 한 인간의 뜻과 방법의 개입을 결코 허락지 않으신다. 오히려 당신의 주권에 대한 불신과 침해에 대한 경고를 하기 위하여 이를 응징하신다.

실제로 이스마엘 탄생은 그 당시는 물론 현대에 이르기까지도 아랍 족속과 이스라엘 족속의 분쟁에 이르는 장구한 싸움의 불씨만 제공하는 결과가 되고 말았다. 사라는 육신의 자손 이스마엘과 그의 어머니 하갈을 아브라함의 집에서 내쫓게 함으로 약속된 자손 이삭과 함께 유업을 얻지 못하게 하였다(창 21:8-14). 이것은 오늘날 신약에서 성령으로 거듭 나지 못한 육신의 사람들이 성령으로 거듭난 영적인 사람들과 함께 하늘의 유업(祝福)을 받지 못함을 암시해 준다 (갈 4:28-31).

끝으로 사라가 열국 어머니가 되어야 한다는 성구는 아래와 같다.

"내가 그에게 복을 주어 그로 네게 아들을 낳아 주게 하며 내가 그에게 복을 주어 그로 열국의 어미가 되게 하리니 민족의 열왕이 그에게서 나리라"(창 17:18).

열국의 아버지 아브라함에 대한 평가

아브라함

제15장 열국의 아버지 아브라함에 대한 평가

아브라함의 이름은 성경에서 무려 313번이나 언급되며, 그 이름도 여러 가지로 변형되어 기록되어 있다. 그리고 신약성경에서만도 아브라함은 74번이나 언급되어 있다. 구약에서 아브라함은 데라의 아들로 처음 언급된다. 하나님을 위해 외아들 이삭을 기꺼이 희생한 것은 그의 순종과 믿음의 정점을 이룬 것이다. 아브라함은 하나님과 언약을 맺어 역사에 지울 수 없는 흔적을 남겼고 끊을 수 없는 유대감을 형성했다. 그의 유산은 충실한 종이자 믿음의 아버지로서, 그의 발자취가 시간의 연대기 속에 울려 퍼지고 있다.

창세기에는 아브라함이 셈의 혈통을 통해 노아의 후손으로 등장한다. 그의 가문은 메소포타미아의 고대 도시인 갈대아 우르에서 유래했다. 성경의 이야기에 따르면 아브라함은 기원전 2000년경에 태어났지만, 정확한 연대는 역사가들에게 여전히 어려운 과제로 남아 있다. 아브라함의 최초 언급은 대홍수 이후의 인류 역사라는 큰 이야기 속에서 이루어진다. 성경은 사람들이 퍼져 나가 새로운 문명을 형성한 세상을 묘사한다. 이러한 맥락에서 하나님은 인류를 위한 계획에서 아브라함을 중추적인 역할을 하도록 선택하셨다. 아브라함의 등장은 성경 이야기에 큰 변화를 가져온다. 아브라함 이전의 창세기는 보편적인 인류 역사를 다루었다. 아브라함 이후에는 하나님께서 모든 민족을 축복하기 위해 일하실 한 가족으로 초점이 좁혀진다.

심리적으로 아브라함의 소개는 개인적 변화의 강력한 순간을 상징한다. 그는 익숙한 것을 떠나 미지의 세계로 떠나는 도전에 직면하고 하나님의 인도를 신뢰한다. 이러한 믿음의 도약은 아브라함과 하나님과의 관계의 결정적인 특징이 된다. 아브라함의 시대는 고대 근동의 주요 발전과 일치한다. 초기 청동기 시대에는 도시 국가가 등장하고 기록된 역사가 시작되었다. 아브라함의 여정은 이 시기에 사람들이 새로운 기회와 자원을 찾아 이동했던 민족의 이동성을 반영한다. 아브라함의 첫 번째 언급은 성경 전체에 걸쳐 반복되는 주제의 단초를 마련하기도 한다. 여기에는 믿음, 순종, 언약, 땅과 후손에 대한 약속이 포함되어 있다. 그의 이야기는 유대교, 기독교, 이슬람교의 기본 서사가 되었다.

구약성경의 넓은 맥락에서 아브라함의 소개는 하나님과 선택된 민족의 특별한 관계가 시작되었음을 의미한다. 이 관계는 성서 이야기 전반에 걸쳐 이스라엘의 역사와 정체성을 형성하게 된다. 그러면 구약 성경에서 아브라함의 존재는 무엇인가? 아브라함은 구약성서에서 매우 중요한 의미를 지니고 있다. 그는 이스라엘 민족의 족장이자 하나님에 대한 믿음과 순종의 모델이다. 그의 이야기는 구약성경의 많은 이야기의 토대를 형성한다. 아브라함을 향한 하나님의 부르심은 언약 관계를 설정한다. 이 언약은 이스라엘의 정체성과 하나님의 계획에서 자신의 역할에 대한 이해의 중심이 된다. 하나님은 아브라함을 통해 땅과 수많은 후손, 그리고 모든 민족에게 축복을 약속하신다. 어려운 상황에서도 하나님의 약속을 믿었던 아브라함의 믿음은 미래 세대의 본보기가 된다. 고향을 떠나 하나님의 인도하심을 기꺼이 따르는 그의 모습은 신뢰와 순종을 보여준다. 이러한 믿음은 구약성서 전반에 걸쳐 반복되는 주제가 된다.

구약성서에서는 아브라함을 민족의 조상으로 자주 언급한다. 그의 삶은 이스라엘과 하나님과의 관계에 대한 시금석 역할을 한다. 아브라함에게 주신 약속은 이스라엘의 희망과 정체성의 기초가 되기도 한다. 아브라함과 하나님과의 상호작용은 신성한 성품의 중요한 측면을 드러낸다. 하나님은 약속을 하시고 지키시는 분, 믿음을 시험하시는 분, 인간과 인격적인 관계를 원하시는 분으로 등장한다.

이러한 만남은 이스라엘의 신에 대한 이해를 형성하게 된다. 아브라함의 이야기는 정체성, 소속감, 목적이라는 주제를 탐구한다. 우르에서 가나안으로 향하는 그의 여정은 신앙과 자아 발견이라는 내면의 여정과 유사하다.

특히 소돔과 고모라 이야기에서 아브라함의 중보자 역할은 인간과 신의 대화의 패턴을 확립한다. 이 중보의 주제는 구약성경 전체에 걸쳐 계속되며 이스라엘이 하나님과의 관계에 대한 이해를 형성한다. 아브라함과의 언약은 선택의 개념을 도입한다. 선택된 백성이라는 개념은 이스라엘의 자기 이해의 중심이 된다. 아브라함의 삶은 또한 인간의 연약함과 성장을 보여준다. 그의 의심의 순간, 복잡한 가족 관계, 도덕적 고뇌는 그를 공감할 수 있는 인물로 만들어 준다. 그의 이야기의 이러한 측면은 인간의 조건과 신앙의 여정에 대한 통찰력을 제공하기도 한다.

아브라함의 이야기는 고대 근동의 문화적, 사회적 현실을 반영한다. 다른 민족과의 교류, 유목 생활, 종교적 관습은 이 역사적 시기를 들여다볼 수 있는 창을 제공한다. 아브라함에게 주신 약속은 이스라엘의 역사를 통틀어 희망과 인내의 원천이 되었다. 고난과 망명, 억압의 시대에 아브라함과의 언약은 그들의 신앙과 정체성의 닻 역할을 했다.

신약성경에서 아브라함은 어떻게 등장하나? 아브라함은 신약성경에 두드러지게 등장하며, 신앙과 하나님의 구원 계획을 이해하는 데 중요한 역할을 하는 인물이 된다. 그의 역할은 구약과 신약을 연결하여 역사 전반에 걸친 하나님의 사역의 연속성을 보여준다. 복음서에서 예수님은 종종 아브라함을 언급한다. 예수님은 죽음 이후의 위로의 장소로 "아브라함의 품"에 대해 말씀하신다. 예수님은 또한 "아브라함도 있기 전에 내가 있다"라고 말씀하시며 자신의 선재성을 주장하신다. 이러한 언급은 예수님 당시 유대인의 사고에서 아브라함이 계속 중요하게 여겨졌음을 보여준다. 마태복음은 예수님의 혈통을 아브라함까지 거슬러 올라가는 족보로 시작된다. 이러한 연결은 예수님을 아브라함에게 하신 하나님의 약속의 성취로 자리매김을 하게 된다. 아브라함으로부터 시작된 하나님의 계획이 그리스도 안에서 어떻게 정점을 이루는지 보여준다.

바울은 그의 편지에서 아브라함을 믿음으로 의롭게 되는 예로 자주 사용한다. 로마서와 갈라디아서에서 바울은 아브라함이 율법이 주어지기 전에 믿음으로 의롭다 하심을 받았다고 주장한다. 이는 바울의 믿음으로 말미암는 은혜에 의한 구원 신학에서 중요한 포인트가 됨을 알려 준다. 히브리서 저자는 아브라함을 '믿음의 전당'에 포함시킨다. 아브라함이 기꺼이 이삭을 희생한 것은 믿음과 순종의 최고의 모범으로 강조된다. 이러한 묘사는 신자들의 모델로서 아브라함의 위상을 강화함을 가리키고 있다. 야고보는 그의 서신에서 아브라함이 이삭을 바친 것을 행함을 통해 보여준 믿음의 예로 사용하고 있다. 이는 신약의 여러 저자가 아브라함의 이야기를 통해 그리스도인의 삶의 다양한 측면을 설명하는 방법을 보여준다.

신약성경에서 아브라함을 사용하는 것은 초기 기독교인들에게 연속성과 정체성을 제공한다. 이는 유대인의 유산과 관련하여 그들의 신앙을 이해하는 데 도움이 된다. 아브라함은 옛 언약과 새 언약 사이의 다리가 된다.

역사적으로 신약성경에서 아브라함을 다루는 방식은 유대교와의 관계를 이해하려는 초대교회의 노력을 반영하고 있다. 아브라함은 기독교인들이 육체적 혈통은 아니더라도 영적 혈통을 주장할 수 있는 인물이 되었다. 신약성경의 아브라함 묘사는 하나님의 약속의 보편적 범위를 강조한다. 바울은 아브라함이 유대인과 이방인 모두 믿는 모든 사람의 조상이라고 주장한다. 이러한 해석은 '하나님의 백성' 개념을 민족적 경계를 넘어 확장한다. 신약성경에 나타난 아브라함의 믿음은 기독교 신앙의 모델이 된다. 불가능해 보였던 하나님의 약속에 대한 그의 신뢰는 신자들이 부활과 그리스도의 약속에 대한 믿음을 갖도록 격려한다. 신약성경에서 아브라함을 사용한 것은 기독교 메시지를 검증하는 역할도 한다. 신약성경의 저자들은 그리

스도께서 아브라함에게 하신 하나님의 약속을 어떻게 성취하시는
지를 보여줌으로써 기독교 신앙의 정당성과 신성한 기원을 논증한
다.

　기독교에서 아브라함을 중요하게 여기는 이유는 무엇인가? 아브
라함은 여러 가지 이유로 기독교에서 중심적인 위치를 차지하고 있
다. 그의 이야기와 유산은 기독교 신앙을 구약성경에 뿌리를 두고
있으며 오늘날 신자들에게도 여전히 유효한 신앙의 모델을 제시한
다. 아브라함은 믿음의 조상으로, 불가능해 보이는 상황에서도 하나
님의 약속을 신뢰한 그의 믿음은 기독교인들이 열망하는 믿음의 본
보기가 되고 있다. 바울은 그의 편지에서 아브라함을 믿음으로 의롭
게 되는 대표적인 예로 사용하고 있다. 아브라함과 하나님과의 언약
은 그리스도 안의 새 언약을 예고한다. 기독교인들은 아브라함에게
하신 하나님의 약속이 예수님 안에서 궁극적으로 성취되는 것으로
본다. 이러한 연결은 기독교인들이 자신의 믿음을 역사 전반에 걸친
하나님의 지속적인 계획의 일부로 이해하는 데 도움이 된다.

　아브라함에서 시작된 하나님의 선민 개념은 기독교에서 그리스
도를 믿는 모든 사람을 포함하는 것으로 재해석된다. 아브라함으로
부터의 영적 혈통이라는 이 개념은 기독교가 구약성경과의 연속성
을 주장하는 동시에 보편적인 사명을 포용할 수 있게 해 준다. 아브

라함이 기꺼이 이삭을 희생하고자 한 것은 종종 하나님의 아들 예수 희생의 유형 또는 예표로 간주된다. 이 비유는 그리스도의 속죄의 죽음과 인류를 향한 하나님의 사랑에 대한 기독교적 이해를 강화한다.

아브라함의 이야기는 믿음과 의심, 순종과 투쟁이라는 인간의 경험에 공감을 불러일으킨다. 기복이 있는 그의 신앙 여정은 각자의 영적 여정을 걷고 있는 크리스천들에게 용기를 준다. 특히 소돔을 위해 간청하는 아브라함의 중보적 역할은 하나님과 인류 사이의 중보자로서 그리스도의 역할을 예표한다. 아브라함 이야기의 이러한 측면은 기독교인들이 신앙에서 중보의 개념을 이해하는 데 도움이 된다.

아브라함을 통해 모든 민족이 복을 받을 것이라는 약속은 모든 민족에게 복음을 전파하는 기독교의 사명과 일치한다. 이 약속은 그리스도와 기독교의 전 세계적 확산을 통해 성취된 것으로 간주된다. 역사적으로 아브라함은 기독교와 유대교의 뿌리를 이어주는 연결고리 역할을 한다. 이러한 연결은 기독교의 자기 이해를 형성하고 유대교 및 이슬람교와의 대화에서 중요한 역할을 해왔다. 고향을 떠나 미지의 목적지를 향해 떠난 아브라함의 예는 이 세상에서 순례자라는 기독교의 개념과 공감을 불러일으킨다. 이는 신자들이 지상의 애착보다 하늘의 부르심을 우선시하도록 격려한다.

아들을 기다리는 오랜 기다림 등 다양한 시련을 통해 아브라함의 믿음을 시험하는 이 이야기는 그리스도인에게 인내의 모델을 제시한다. 믿음에는 종종 하나님의 타이밍에 대한 인내와 신뢰가 수반된다는 것을 보여준다.

그렇다면 아브라함에게 주신 하나님의 핵심 약속은 무엇인가? 아브라함에게 하신 하나님의 약속은 아브라함 언약의 기초를 형성한다. 이 약속은 아브라함의 삶뿐만 아니라 성경의 전체 이야기와 유대교, 기독교, 이슬람교의 신앙을 형성한다. 첫 번째 핵심 약속은 땅이다. 하나님은 아브라함에게 고향을 떠나 하나님이 보여 주실 땅으로 가라고 말씀하셨다. 이 약속의 땅은 이스라엘의 정체성과 역사의 중심이 되기 때문이다. 땅은 물리적 영토일 뿐만 아니라 소속감과 신성한 축복의 장소이기도 하다. 두 번째 주요 약속은 수많은 후손이다. 하나님께서는 아브라함에게 큰 민족의 조상이 될 것이라고 약속하셨다. 이 약속은 아브라함의 고령과 아내 사라의 불임을 고려할 때 불가능해 보였다. 이 약속이 성취된 것은 하나님의 능력과 신실하심을 보여준 것이다. 하나님은 또한 아브라함의 이름을 위대하게 만들겠다고 약속하신다. 이 명성과 명예에 대한 약속은 인간이 스스로 이름을 떨치려 했던 바벨탑 이야기와 대조를 이룬다. 진정한 위

대함은 인간의 노력이 아니라 하나님의 축복에서 비롯된다는 것을
보여준다.

신의 보호 약속은 또 다른 핵심 요소이다. 하나님은 아브라함에게
"너를 축복하는 자에게는 내가 복을 내리고 너를 저주하는 자에게
는 내가 저주하겠다"고 말씀하신다. 하나님의 은혜와 보호에 대한
이러한 확신이 아브라함과 그의 후손에게 자신감의 원천이 된다. 가
장 광범위한 약속은 아마도 아브라함을 통해 지구상의 모든 민족이
복을 받을 것이라는 말이다. 이 보편적인 축복의 범위는 아브라함의
직계 가족을 넘어 모든 인류를 포괄하는 하나님의 언약을 확장하는
것을 가리키고 있다.

이러한 약속은 안전, 정체성, 목적, 유산에 대한 인간의 근본적인
욕구를 해결해 준다. 이 약속은 아브라함에게 신성한 소명감과 세상
을 향한 하나님의 계획에서 의미 있는 역할을 부여한다. 이 약속에
는 상호적인 관계도 포함되어 있다. 하나님은 아브라함에게 복을 주
시겠다고 약속하시면서 동시에 아브라함이 "내 앞에서 신실하게 행
하고 흠이 없기를" 기대하신다. 이것은 하나님의 은혜와 인간의 책
임이 모두 포함된 언약 관계의 패턴을 설정한다. 역사적으로 이러한
약속은 아브라함의 후손들의 자기 이해와 열망에 강력한 영향을 미
쳤다. 이러한 신성한 약속의 상속자라고 생각한 사람들의 행동을 통

해 역사의 흐름이 형성되었다.

아브라함에게 주신 약속은 구약성서 전체에서 종종 재확인되고 확장된다. 특히 국가적 위기나 망명의 시기에 이러한 약속은 희망과 용기의 원천이 된다. 선지자들은 미래의 회복을 기대하면서 이러한 약속을 자주 회상한다. 기독교에서는 이러한 약속이 궁극적으로 그리스도 안에서 성취된 것으로 간주한다. 땅 약속은 하나님 나라를 상징하는 것으로 영화되고, 자손 약속은 믿음을 가진 모든 사람을 포함하도록 확장되며, 모든 민족에 대한 축복은 복음을 통해 실현된다. 이러한 약속의 영속성은 여러 세대에 걸쳐 하나님의 신실하심을 보여준다. 이 약속은 성경의 이야기와 오늘날까지 계속되는 신과 인간의 상호 작용 패턴을 확립한다.

아브라함이 언제까지 살았는가를 생각해 볼 때, 성경에 따르면 175년이라는 놀랍도록 긴 수명을 살았다. 이 긴 세월은 믿음의 조상인 아브라함에게 내리신 하나님의 축복을 말해 준다고 볼 수 있다. 창세기는 아브라함의 수명을 간단한 용어로 설명한다. "아브라함은 백칠십오 년을 살았다. 아브라함이 마지막 숨을 쉬고 늙고 연로한 나이에 죽으니 그가 자기 백성에게로 모였더라"(창세기 25:7-8). 고대 세계에서는 이러한 장수가 신의 은총의 표시로 여겨졌다는 사실을 기억해야 한다. 아브라함은 장수를 통해 자신에 대한 하나님의 약속이 부분적으로 성취되는 것을 볼 수 있었다. 그는 아들 이삭의 탄생을 목격했고 손자 야곱과 에서를 볼 때까지 살았다. 역사적으로 이 숫자를 문자 그대로 받아들이는 것은 주의해야 한다. 고대 근동 문화에서는 정확한 연대기보다는 상징적인 숫자를 사용하여 의미를 전달하는 경우가 많았다. 175라는 숫자는 아브라함의 축복받은 지위를 강조하기 위해 선택되었을 수 있고 긴 삶이 무엇을 의미하는지 생각해 볼 수 있다. 아브라함에게는 성장하고, 실수하고, 배우고, 신앙을 깊게 할 수 있는 시간이 있었다. 하나님과의 여정은 잠깐의 만남이 아니라 평생의 관계였다. 이는 우리 자신의 영적 여정에도 시간과 인내가 필요하다는 것을 일깨워 준다. 그런데 아브라함의 수명이 창세기에 나오는 조상들의 수명보다 짧다는 점이 흥미롭다. 이는 홍수 이후 점차 수명이 줄어든다는 성경의 주제를 반영하는 것일 수 있다. 하지만 아브라함은 여전히 후손들보다 오래 살았기 때문에 과도기적 인물로 표시된다.

성경에 따르면 아브라함은 "좋은 나이에, 노인이 되어 세월이 가득 찬 채로" 죽었다고 한다. 그의 생은 단순한 장수가 아니라 의미와 목적이 가득한 잘 살았던 삶을 암시한다. 단순히 삶의 길이뿐만 아니라 삶의 질을 고려하도록 우리를 초대한다. 아브라함의 죽음은 평화롭게 묘사되어 있다. 그는 "자기 백성에게로 모였다"고 한다. 이 아름다운 문구는 조상과의 재회와 지상 여정의 완성을 암시한다. 이 문구는 죽음을 귀향으로 바라보는 위로의 시각을 제공한다.

오늘날 우리에게 아브라함의 긴 삶은 우리 자신의 삶을 하나님과의 여정으로 바라보도록 영감을 줄 수 있다. 우리가 오래 살든 짧게 살든, 하루하루는 믿음이 성장하고 우리 삶에서 하나님의 약속을 성취하기 위해 노력할 수 있는 기회이다.

다음으로 아브라함의 가장 주목할 만한 신앙 행위는 무엇이었나? 아브라함의 믿음의 여정은 하나님을 향한 신뢰의 변화시키는 힘에 대한 강력한 증거이다. 창세기에 기록된 그의 삶은 몇 가지 특별한 믿음의 행위로 특징지어지며 오늘날에도 계속해서 신자들에게 영감을 주고 있다. 아브라함의 가장 유명한 믿음의 행동은 아마도 하나님의 명령에 따라 아들 이삭을 기꺼이 희생한 것일 것이다(창세기 22:1-19). 이 가슴 아픈 순종의 시험은 이해할 수 없는 요구에 직면했을 때에도 하나님을 향한 아브라함의 절대적인 신뢰를 보여준 것이다. 심리적으로 아브라함이 겪었을 내적 갈등을 상상할 수 있을 뿐이다. 하지만 그의 믿음은 승리했고, 하나님은 이삭의 목숨을 살리시는 대신 제물을 바치도록 하셨다. 하나님께서 아브라함(당시 아브람이라고 불렸음)을 처음 부르셔서 고향을 떠나게 하셨을 때 또 다른 중요한 믿음의 행위가 일어났다(창세기 12:1-4). 아브라함은 목적지도 모른 채 순종적으로 역사의 흐름을 바꿀 여정을 떠났다. 미지의 세계로의 도약은 하나님의 인도하심과 약속에 대한 강력한 신뢰를 반영한다.

아브라함의 믿음은 아들에 대한 하나님의 약속이 성취되기를 인내하며 기다리는 모습에서도 분명하게 드러난다. 아브라함은 자신과 사라의 나이가 많았음에도 불구하고 아들을 낳을 것이라는 하나님의 확신을 믿었다(창세기 15:6). 생물학적으로 불가능한 상황에서도 흔들리지 않는 희망은 자연적 한계를 뛰어넘는 믿음의 강력한 예이다. 아브라함의 믿음은 소돔과 고모라를 위한 중보기도에서 다시한 번 확인할 수 있다(창 18:16-33). 여기서 아브라함은 의인을 담대하게 옹호하며 하나님을 신뢰할 뿐만 아니라 도덕적 대화를 통해 하나님과 소통하는 믿음을 드러낸다. 이를 통해 믿음은 복종하는 동시에 용기 있게 의문을 제기할 수 있음을 알 수 있다. 아브라함이 사라를 위해 매장지를 구입한 것(창세기 23장)은 종종 간과되는 또 다른 믿음의 행동이다. 아브라함은 이 땅을 구입함으로써 자신은 "나그네와 거류민"(창세기 23:4)으로 남았지만 후손을 위한 하나님의 고향에 대한 약속에 대한 믿음을 보여주었다.

이러한 믿음의 행위는 아브라함을 일신교 발전의 중추적인 인물로 기록한다. 다신교 세계에서 유일신에 대한 그의 확고한 믿음은 혁명적이었다. 심리적으로 아브라함의 신앙 여정은 성장과 변화에 대한 인간의 능력을 드러낸다. 우리는 그가 두려움 때문에 사라를 누이라고 속일 때(창 12:10-20, 20:1-18)와 같이 때때로 비틀거리는 모습을 볼 수 있다. 하지만 이러한 연약함의 순간은 그의 믿음의 행동을 더욱 공감할 수 있고 감동적으로 만든다.

오늘날 우리에게 아브라함의 믿음은 하나님의 길이 이해되지 않는 것처럼 보일 때에도 하나님을 신뢰하도록 도전한다. 또한 앞길이 불투명할 때에도 순종하며 나아가도록 우리를 초대한다. 아브라함의 이야기는 믿음이란 단 한 번의 결단이 아니라 평생에 걸친 신뢰와 순종의 여정임을 일깨워 준다.

기독교 이외에 다른 아브라함의 종교(유대교와 이슬람교)에서는 아브라함을 어떻게 바라보는가? 아브라함은 유대교, 기독교, 이슬람교 등 아브라함 신앙 전반에 걸쳐 강력한 존경의 대상이 되고 있다. 하나님에 대한 믿음과 순종의 모범이 된 그의 유산은 종교적 경계를 초월하여 이러한 전통 간의 화합과 상호 이해의 지점을 제공한다. 유대교에서 아브라함은 최초의 족장이자 유대 민족의 창시자로 존경받았다. 그는 "아브라함 아비누", 즉 "우리 아버지 아브라함"으로 알려져 있다. 하나님께서 아브라함과 맺은 언약(창세기 17장)은 하나님과 유대 민족 사이의 특별한 관계의 기초가 되는 것으로 여겨진다. 아브라함이 기꺼이 이삭(히브리어로 아케다라고 함)을 희생한 것은 신앙의 최고의 시험으로 여겨진다. 유대인의 전통은 또한 이교도 세계에서 유일신교도로서의 아브라함의 역할을 강조하며, 일부 이야기에서는 아브라함이 아버지의 우상을 파괴하는 것으로 묘사하기도 한다. 아브라함은 유대교에서 신앙의 이상과 자신의 신념을 위해 사회와 구별되는 용기를 상징한다. 이슬람에서 아브라함(이브라힘이라고도 함)은 선지자이자 순수한 유일신교도로 인정받고 있다. 그는 코란에서 여러 번 언급되며 신의 친구(칼릴 알라)로 묘사된다. 코란은 아브라함이 기꺼이 아들을 희생한 이야기를 비롯해 성경에서 볼 수 있는 많은 이야기를 담고 있다(이슬람 전통에서는 일반적으로 이삭이 아닌 이스마엘로 간주하지만). 무슬림은 자신의 혈통을 아브라함과 그의 아들 이스마엘로 거슬러 올라간다. 메카에 있는 카바의 건축은 이슬람 전통에서 아브라함과 이스마엘의 공로로 여겨진다. 이슬람교의 메카 순례에는 아브라함의 생애에서 일어난 사건을 기념하는 여러 의식이 포함되어 있다.

이슬람에서 아브라함은 신에게 복종하는 이상('이슬람'의 의미)을 구현한다. 아들을 기꺼이 희생한 그의 모습은 개인적인 욕망보다 신앙을 우선시하는 궁극적인 모범으로 여겨진다. 아브라함에 대한 공통된 경외심은 때때로 이러한 종교 간의 가교 역할을 해 왔다. 중세 스페인과 같이 상대적인 화합의 시기에는 유대인, 기독교인, 무슬림이 공통의 가부장을 중심으로 종교 간 대화에 참여하기도 했다. 하지만 세 종교 모두 아브라함을 기리는 것은 같지만, 아브라함의 유산을 해석하는 방식은 다르다. 이러한 차이는 때때로 긴장의 원인이 될 수 있다. 예를 들어, 아브라함이 어느 아들을 기꺼이 희생했는지

에 대한 질문은 유대교, 기독교 그리고 이슬람 전통 사이에서 의견
이 일치하지 않는 부분이다.

기독교인들에게 아브라함은 믿는 모든 사람의 조상인 영적 조상
으로 여겨진다(로마서 4:16). 그의 믿음은 특히 개신교 전통에서 강
조되는 기독교 신학의 핵심 개념인 믿음에 의한 칭의의 모델로 제시
된다.

아브라함의 이야기가 오늘날 크리스천에게 어떻게 적용될 수 있
을까? 아브라함의 이야기는 고대의 이야기이지만 오늘날에도 여전
히 우리에게 강력한 메시지를 전한다. 그의 신앙 여정은 현대를 살
아가는 우리 자신의 영적 삶에 대한 풍부한 통찰과 영감을 제공한
다. 익숙한 곳을 뒤로하고 미지의 목적지를 향해 기꺼이 믿음으로
나아간 아브라함의 모습(창세기 12:1-4)은 우리 삶에서 하나님의 인
도하심을 신뢰하도록 도전한다. 급변하는 세상에서 우리도 문자 그
대로든 비유적으로든 종종 안전지대를 떠나라는 부름을 받는다. 아
브라함의 예는 하나님께서 우리보다 먼저 가신다는 것을 믿고 하나
님의 부르심에 따라 변화와 새로운 시작을 받아들이도록 격려한다.

아브라함이 하나님의 약속, 특히 아들에 관한 약속의 성취를 기다
리는 인내심은 지연된 희망과 응답 없는 기도로 힘들어하는 우리 자

신의 모습에 대해 이야기한다. 즉각적인 만족을 추구하는 문화 속에서 아브라함의 인내는 하나님의 타이밍은 종종 우리의 타이밍과 다르다는 것을 상기시켜 준다. 이는 영적인 삶에서 인내와 신뢰를 키우는 데 도움이 될 수 있다. 이삭을 희생하라는 명령을 통해 아브라함의 믿음을 시험하는 장면(창세기 22장)은 우리 자신의 우선순위를 살펴보도록 초대한다. 하나님은 우리에게 자녀를 희생하라고 요구하시지는 않지만, 우리는 그분과의 관계를 무엇보다 우선시하도록 부름 받았다. 이 이야기는 우리 삶에서 포기해야 할 '우상'이 무엇인지 생각해 보도록 도전한다.

소돔과 고모라를 위한 아브라함의 중보기도(창세기 18:16-33)는 세상에 대한 자비로운 참여의 강력한 모델을 제시한다. 이 기도는 다른 사람들, 심지어 나와 다른 사람들의 복지에 관심을 갖고 그들을 대신하여 담대하게 하나님께 다가갈 것을 권장한다. 종종 분열되는 사회에서 이 예화는 우리에게 화해의 대리인이자 정의의 옹호자가 되라고 촉구한다.

아브라함이 마므레에서 세 명의 방문객에게 보여준 환대(창세기 18:1-15)는 우리 자신의 삶에서 근본적인 환대를 실천하도록 도전한다. 낯선 사람에 대한 두려움으로 가득한 세상에서 아브라함의 모범은 모든 만남에서 신성한 잠재력을 보도록 격려한다. 아브라함이 사라를 누이라고 속이려 했던 순간(창 12:10-20, 20:1-18)과 같은 의심과 실수의 순간은 신앙의 여정이 항상 순탄치만은 않다는 사실을 일깨워 준다. 이러한 에피소드는 우리 자신의 고난과 실패를 위로하며 하나님의 은혜가 우리의 약함보다 크다는 것을 확신시켜 준다. 아브라함의 이야기는 우리에게 개인적인 성장과 변화를 받아들이도록 초대한다. 아브람에서 아브라함으로, 자녀 없는 유목민에서 열방의 조상이 되기까지의 그의 여정은 우리 자신의 삶에서 하나님의 변화시키는 역사에 열린 마음을 갖도록 격려한다.

다신교 세계에서 아브라함의 유일신 신앙은 지배적인 문화에 반할 때에도 우리의 신념을 굳건히 지키도록 도전한다. 이는 기독교적 가치가 사회적 규범과 상충될 수 있는 상황에서 우리에게 영감을 줄 수 있다. 열방을 축복하는 아브라함의 역할(창세기 12:2-3)은 우리 역시 우리의 영향력 있는 영역에서 어떻게 하나님의 축복의 통로가 될 수 있는지 생각해 보도록 촉구한다. 이는 우리 자신의 필요를 넘어 우리의 믿음이 다른 사람들에게 어떻게 긍정적인 영향을 미칠 수 있는지 고려하도록 도전한다.

하나님께서 아브라함과 맺으신 언약(창세기 15장, 17장)은 약속에 대한 하나님의 신실하심을 상기시켜 준다. 이는 특히 의심스럽거나 어려울 때 하나님의 약속에 대한 우리의 신뢰를 강화할 수 있다.

우리는 아브라함으로부터 영적 혈통을 이어받은 위대한 믿음의 가족의 일원임을 기억해야 한다. 그의 모범이 우리를 부르시고 인도하시며 약속을 성취하시는 하나님을 신뢰하고 순종하는 믿음과 순종의 삶을 살도록 영감을 주기를 바란다. 그렇게 함으로써 우리는 아브라함이 오래 전에 시작한 믿음의 유산을 이어갈 수 있기 때문이다.

결론

결론

하나님이 아브라함과 맺은 언약은 두 가지로 나눠진다. 하나는 아브라함 개인에게 준 언약이고 또 하나는 영적인 언약을 암시해 주고 있다. 좀 더 자세히 분석해 보면 아브라함에 대한 언약은 아브라함의 능력이나 행위에 달려 있지 않고, 오직 하나님의 주권과 일방적인 결정에 달려 있음을 보여준다. 그것은 죄인의 구원이 하나님께 달린 것이니 우리가 하나님을 신뢰해야 한다는 요청이었다. 믿음을 요구하는 하나님의 행위였다. 그래서 하나님은 앞서 이스마엘을 낳은 아브라함에게 오셔서 언약을 맺으실 때에 쪼갠 짐승들 사이로 지나시며 언약에 대한 책임을 오직 자신에게만 돌리신 것이다. 약속을 지키지 않으면 내가 이 짐승들처럼 이렇게 찢기겠다는 무서운 자기 저주를 하신 것이다. 그리고 그렇게 표현된 맹세는 십자가에서 예수님의 몸이 찢기고 죽는 것으로 성취되었다.

또 한편 하나님께서 아브라함에게 주신 언약은 영적인 것으로 아브라함을 거쳐 예수 그리스도를 통하여 큰 민족을 이룬다는 것으로 만민이 예수 그리스도를 통해서 구원을 얻게 된다는 것이다. 그러므로 아브라함은 그리스도의 조상으로 열국의 아버지의 칭호를 얻게 된다. 인간적으로 하나님이 아브라함에게 주신 언약은 약속된 땅 즉 이스라엘 후손들이 살아야 할 가나안 땅이었다. 그래서 아브라함은 육신적 후손들인 이스라엘이 살 땅 가나안에서 먼저 살았고, 첫 후손인 아들 이삭도 낳았다. 그의 자녀들은 큰 민족, 백성들이 되었고 그들은 가나안 땅에서 위대한 왕국을 이루게 되었다. 그러나 아브라함에게 약속하신 땅과 후손의 궁극적 의미는 영적 후손과 하나님 나라를 의미한다. "아브람이 여호와를 믿으니 여호와께서 이를 그의 의로 여기시고"라고 말하듯, 또 아브라함을 믿음의 조상이라고 부르듯 그는 예수 그리스도를 믿어 구원받는 모든 사람들의 조상이 된 것이다. 그러므로 아브라함의 언약은 최종적으로 영원한 주님의 나라라는 땅에 믿음으로 구원받는 후손들과 함께 거할 것을 약속받은 것이다.

할례 역시 그런 이해에 도움이 되도록 하나님께서 요구하신 것이다. 하나님의 백성을 낳는 일은 사람이 할 수 없다는 것을 기억하기 위해 그 상징으로 할례를 행하게 하신 것이다. 그런 구원을 베푸시는 하나님에 대한 믿음을 가진 공동체를 이루도록 종이나 이방인에 상관없이 아브라함의 부족 안에 있는 모든 남자들에게 할례를 요구하신 것이다. 아브라함의 후손이 되는 것은 사람의 행위나 능력이나 혈연이나 인종에 의한 것이 아니라 세상 누구든지 믿음으로 되는 것이기에 아브라함은 세상 모든 민족의 아버지가 되고 복의 통로가 될 것이라고 말씀하신 것이다. 아브라함이 열방, 즉 모든 민족의 아버지가 된다는 것은 모든 사람이 다 구원 얻는다는 것이 아니라 세상 민족의 누구든지 아브라함처럼 그리스도를 온전히 믿는 것으로 구원 얻는 것을 말해주고 있다. 그러므로 아브라함은 모든 믿는 자들의 본보기, 믿음의 조상이 된다.

아브라함은 우상이 가득한 도시에서 살았고, 아내를 팔아가면서 자신의 안전을 추구하는 자였고, 자기 조카를 위하는 자였고, 자기 혈통을 지키려고 여종을 이용해 이스마엘을 낳았던 보통의 자기중심적 인간이었다. 하나님이 그에게 가나안 땅과 많은 후손들을 주신다고 하니까 인간적인 차원에서 이해했고, 100세에 아이를 주신다고 하니까 웃었다. 그러나 아브라함의 복은 이 땅에서의 복을 넘어선다. 그것은 구원의 복, 예수 그리스도를 믿는 복, 하나님을 아는 복을 말해주고 있다. 하나님을 모른 채 자기만 알고 사는 인간에게 하나님이 어떻게 찾아오셔서 삶에 개입하시고 하나님을 믿게 만드시는지가 아브라함을 통해 본격적으로 나타났다. 그리고 그런 하나님의 일하심은 그의 자녀 이삭과 야곱의 삶에도 나타났고, 이스라엘이라는 큰 공동체를 통해서도 나타났다. 아브라함을 믿게 하신 하나님은 믿음으로 아브라함의 후손이 되게 하실 자들도 믿게 하실 것이다. 그래서 하나님은 이스라엘이 겪을 애굽의 삶을 아브라함에게 미리 알려 주신 것이다. 너의 후손들도 내가 다룰 것이라고 알려 주신 것이다. 아브라함에게 그러셨듯이 이스라엘에게도 모든 민족에게도 하나님과 무관하게 살던 이방인인 우리에게도 하나님은 찾아오셔서 복음을 듣게 하시고, 하나님을 알게 하시고 예수 그리스도를 믿게 하신다. 하나님은 아브라함의 삶 속에서 역사하셨듯, 우리의 삶 속에서 하나님 자신이 주권자이시고 구원자이심을 경험하게 하신다. 그래서 아브라함처럼 우리도 믿음으로 구원 얻도록 일하시는 신실하신 하나님이시다. 하나님은 아브라함에게 하신 그 약속을 우리에게도 지키시는 분이시라는 것을 아브라함을 통해서 보여준 것을 잊어서는 안 된다.

How Does History Evaluate Abraham and Sarah?

It is difficult to evaluate Abraham based on the accounts of Old and New Testaments. It will be helpful to add Oral Torah, Talmud, Quran (Islamic bible), the archaeological research, and historians' evaluation.

There are no known biographies of Abraham and Sarah. The most that can be done is to apply the interpretation of modern historical finds to Biblical materials to arrive at a probable judgment for the background and patterns of events in their lives. This involves a reconstruction of the patriarchal age (of Abraham, Isaac, Jacob, and Joseph; early 2nd millennium b.c.), which until the end of the 19th century was unknown and considered virtually unknowable. It was assumed, based on a presumed dating of hypothetical Biblical sources, that the patriarchal narratives in the Bible were only a projection of the situation and concerns of a much later period (9th – 5th century b.c.) and of dubious historical value.

Many books and articles have been published to explain the background of Abraham. The patriarchs including Abraham were mythical beings or the personifications of tribes or folkloric or etiological (explanatory) figures created to account for various social, juridical, or cultic patterns. However, archaeological research made enormous strides with the discovery of monuments and documents, many of which date back to the period assigned to the patriarchs in the traditional account. The excavation of a royal palace at Mari, an ancient city on the Euphrates, for example, brought to light thousands of cuneiform tablets (official archives and correspondence and religious and juridical texts) and thereby offered exegesis a new basis, which specialists utilized to show that, in the Biblical book of Genesis, narratives fit perfectly with what, from other sources, is known today of the early 2nd millennium b.c. but imperfectly with a later period. A Biblical scholar in the 1940s aptly termed this result "the rediscovery of the Old Testament."

For many years, scholars in the Old and New Testaments have different views on the character of Abraham. Many conservative scholars portrayed Abraham as the progenitor of many nations in the future. They firmly believe that Abraham was a father of all faiths based on the Biblical accounts. On the other hand, liberal theologians argue that Abraham was far from what he was portrayed as a model of all faiths. Instead, he seemed to be an innocent and weak person who followed God's order blindly and unconditionally.

By God's covenant, Abraham was promised to be a father of great nations through his wife, Sarah, his legitimate wife. But Abraham was not quite convinced that he could have a son at his old age (almost 100 years old). Instead, Abraham listened to his wife's suggestions to take an Egyptian slave, Hagar, as his wife to have a son to succeed him. Later, Abraham again took Sarah's advice to abandon Hagar and Ishmael into the wilderness because Ishmael despised Isaac.

Abraham was viewed as a coward when he and his family were in Egypt for food, and he lied to Pharaoh that Sarah was his sister. Abraham made a same mistake when he was encountered King Abimelech. As we saw from the story of Abraham, waiting for God to act in our lives may be the hardest task we ever face. It's also true that we can become dissatisfied when God's solution does not match our expectations. When Abraham feels doubtful about God's promise, God said to him, "anything is possible, and Sarah would bear a son" (Gen. 8:14). Sarah waited 90 years to have a baby. Certainly, she had given up hope of ever seeing her dream of motherhood fulfilled. Sarah was looking at God's promise from her limited, human perspective. But the Lord used her life to unfold an extraordinary plan, proving that he is never limited by what usually happens.

Sometimes we feel like God has placed our lives in a permanent holding pattern. Rather than taking matters into our own hands, we can let Sarah's story remind us that a time of waiting may be God's precise plan for us.

When God finally allowed a miracle son, Isaac, to be born to

Abraham and Sarah. Abraham loved him so much and in fact, he perhaps idolized him a little too much. But God unexpectedly told him to sacrifice his only son to test his steadfast faith in Him. Abraham and Sarah were distraught but obedient. But why did God go about testing Abraham in this way? Why couldn't God test Abraham in another way that didn't involve nearly killing his son? As Calvin described God's character, God is incomprehensible. It is impossible to know what God's secret plan will be. Abraham offered Isaac as a sacrifice. Abraham reasoned that God could even raise the dead, and so in a manner of speaking he did receive Isaac back from death. Abraham had also heard God promise him that Abraham's descendants would be as numerous as the stars. Knowing God's truthful and unchanging character, he had to have rationalized that God would follow through and save his son, even if Isaac died on the altar.

Sometimes we must go through fire to reveal the true nature of our faith and whether we've built a strong foundation of trust in the Lord. In the case of Abraham, God had located the number one idol in his heart: His only son. He wanted to test Abraham's loyalties by showing him the one area of his life where he had held back. Knowing God's character, we know that the Lord would never participate in child sacrifice. The angel of the Lord called to Abraham from heaven a second time and said, "I swear by myself, declares the Lord, that because you have done this and have not withheld your son, your only son, I will surely bless you and make your descendants as numerous as the stars in the sky and as the sand on the seashore. Your descendants will take possession of the cities of their enemies, and through your offspring, all nations on earth will be blessed because you have obeyed me" (Genesis 22:15–18).

Often, as Christians, we can think of the Old and New Testaments as separate entities, but they point to each other, and this passage exemplifies that. Abraham and Isaac reenact something that would take place a millennium later. On the same hill on which Abraham nearly sacrificed his son, Jesus died for our sins. In the same way that Abraham is tested, God also faced the ultimate test. He sacrificed his only Son for us. Abraham received a free pass by a substitute ram sacrifice, but Jesus is both the ram and Isaac for us. Whenever we encounter a difficult passage in Scripture, we need to look at the bigger picture. Knowing God's character, we know that he wouldn't follow through with making Abraham commit human sacrifice. After all, he later talks against the detestable practice (Leviticus 18s:21).

In the case of this passage, Abraham's actions mirror those of God in the New Testament. Those who witnessed Jesus' death in the Jewish community would have known their roots. They would have remembered that on the same hill, God had asked Abraham to give up his only son. This story also matters because we need to understand the nature of tests and trials. God has a funny way of being able to locate where our loyalties lie. And if we want to commit to him and go all in, we often must give up something we've put on the same pedestal as the Lord. This, of course, won't mean sacrificing our children. But it might mean giving up idolizing something, even a good thing, to focus more on our relationship with God.

Abraham is known to have the various characteristics: a righteous man, (Jm. 2:22–23), a blameless person (Gen. 17:10), a man of steadfast faith and unconditional obedience to God.

He is also known as a man of peace (in settling a boundary dispute with his nephew Lot), a compassionate man (he argues and bargains with God to spare the people of Sodom and Gomorrah), and a hospitable gentleman (he welcomes three visiting angels); a quick-acting warrior (he rescues Lot and his family from a raiding party); and an unscrupulous liar to save his own skin (he passes off Sarah as his sister and lets her be picked by the Egyptian pharaoh for his harem). He appears as both a man of great spiritual depth and strength and a person with common human weaknesses and needs.

As for Sarah, Biblical historians have diverse opinions on her. On the one hand, Sarah seemed very humble, obedient, intelligent, and genuine. On the other hand, she was egotistic, pretending, jealous, and possessive. It was Abraham with whom God made a special covenant for his future and descendants. Therefore, when Abraham received God's promise, he did not discuss this with his wife Sarah because of Sarah's unpredictable behavior.

After Sarah's death, Abraham sees to it that his son Isaac marries a girl from his own people back in Mesopotamia rather than a Canaanite woman. Abraham dies at the age of

175 and is buried next to Sarah in the cave of Machpelah.

In conclusion, despite the opposing views and arguments of the liberal theologians, Abraham and Sarah have been recognized as the patriarch and matriarch for three major religions (Judaism, Christianity Islam). This tradition may continue in the future.

김득해

아브라함 : 세 종교의 조상

초판 인쇄 2025년 6월 10일
초판 발행 2025년 6월 15일

지은이 김득해
발행인 이노나
펴낸곳 산사나무
주소 서울특별시 종로구 창덕궁길 146-1, 302호
전화 010-8208-6513
이메일 sansanamu22@hanmail.net
출판등록 제2022-000122호

ISBN 979-11-989899-1-8 03200

값 18,000원